AF453951

L'ART FRANÇAIS DEPUIS VINGT ANS

LA MODE

L'ART FRANÇAIS DEPUIS VINGT ANS

COLLECTION PUBLIÉE SOUS LA DIRECTION DE
M. LÉON DESHAIRS

LE MOBILIER,	par ÉMILE SEDEYN.
LE TRAVAIL DU MÉTAL,	par HENRI CLOUZOT.
LA PEINTURE,	par T.-L. KLINGSOR.
L'ARCHITECTURE,	par H.-M. MAGNE.
LA DÉCORATION THÉATRALE,	par L. MOUSSINAC.
LES DÉCORATEURS DU LIVRE,	par CH. SAUNIER.
LA MODE,	par RENÉ BIZET.
LA SCULPTURE,	par ROBERT REY.
LA CÉRAMIQUE ET LA VERRERIE,	par R. DE FÉLICE.
LES TISSUS, LA TAPISSERIE, LES TAPIS,	par LUC-BENOIST.

LA MODE

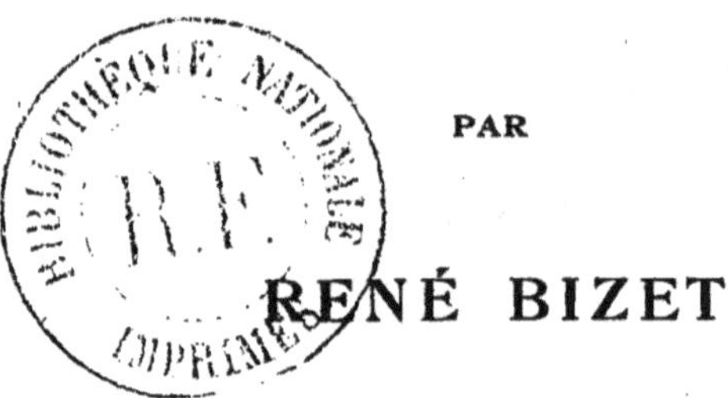

PAR

RENÉ BIZET

32 PLANCHES HORS TEXTE

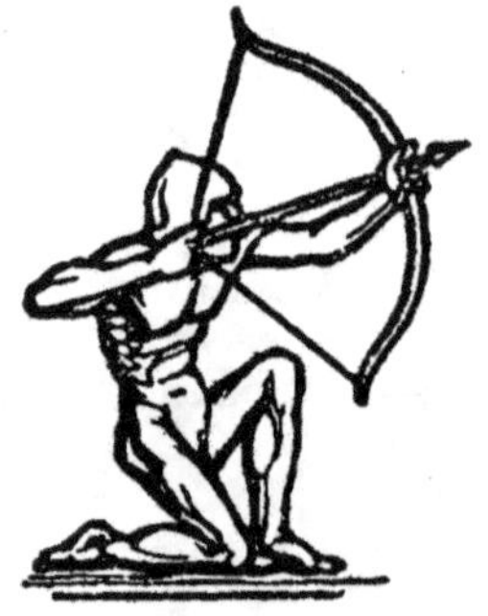

F. RIEDER ET Cie, ÉDITEURS
7, PLACE SAINT-SULPICE, 7
PARIS VIe
MCMXXV

Nos pères nous ont transmis, avec la connaissance de leurs personnes, celles de leurs habits, de leurs coiffures, de leurs armes, et des autres ornements qu'ils ont aimés pendant leur vie. Nous ne saurions bien reconnaître cette sorte de bienfait qu'en traitant de même nos descendants.

LA BRUYÈRE.
(Caractères. De la Mode)

CONSIDÉRATIONS
SUR LA MODE & LES MŒURS

SI selon l'expression de Duclos dans ses *Mémoires,* « les comédies et les romans déposent des mœurs du temps, sans que les auteurs en aient eú le dessein », la mode en témoigne encore bien davantage, sans que ceux qui la créent ou la font en aient toujours formé le projet.

Nous considérons l'auteur dramatique, le romancier, souvent comme des moralistes. Nous n'accordons point cette épithète à un couturier. Pourtant celui-ci la mérite autant que ceux-là, pour le soin qu'il prend, dans la confection de ses œuvres, de tenir compte des désirs, des habitudes et des besoins de sa clientèle. S'il se permet quelque hardiesse, on ne l'adoptera qu'à la condition qu'elle marque un progrès dont on ne s'était pas avisé jusque là ; si ce n'est que fantaisie pure — quoi qu'on pense de celle des femmes — elle n'aura pas plus de durée qu'un caprice. On voit bien des modes extravagantes, mais on ne conserve, en les modifiant, que celles qui sont inspirées par la raison.

C'est faire bon marché des préoccupations féminines, de cette logique parfois déconcertante, mais singulièrement tenace qu'ont les femmes, que de dire : la mode n'est que l'organisation du désordre de leurs goûts. Elle a quelquefois cette apparence. Mais, dans la réalité, les lois qui régissent la mode sont plus sévères qu'aucune autre, et s'inspirent directement des règles qui gouvernent l'existence et les pensées des femmes.

A ce point que si, par un hasard prodigieux, les livres d'histoire venaient à nous manquer, et les mémoires, et tous les ouvrages qui doivent nous renseigner sur le passé, nous pourrions reconstituer la vie matérielle et spirituelle de nos aïeules en regardant dans un musée leurs toilettes fanées et sur les tableaux ou dans les albums leurs parures familières.

Une robe est une confidence. Elle est quelquefois même une confession. Nous en saurions bien davantage sur Marie-Antoinette ou sur Mme de Récamier si nous pouvions avoir tous les vêtements qu'elles ont portés, que nous ne connaissons d'elles par les récits de leurs contemporains.

Examinez, avec cette certitude, les gravures d'un Moreau-le-Jeune et vous n'aurez aucune peine à comprendre le rôle et la situation de la femme à la fin du dix-huitième siècle. Le romantisme amène avec ses rêveries, une façon de se vêtir, des accessoires de toilettes, des couleurs qui s'accordent à la mélancolie des poètes. Et le parapluie de Louis-Philippe n'est pas un symbole plus clair d'une bourgeoisie prudente, que les robes, collets, châles et chapeaux à cabriolet dont les femmes de 1840 paraient leurs grâces.

Que le féminisme et ses revendications apparaissent, sournoisement d'abord, puis brutalement à l'occasion des bouleversements politiques, vous ne vous en étonnez point quand vous avez vu des portraits de Georges Sand. Là encore, le romantisme a favorisé l'indépendance d'un sexe qui n'avait peut-être pas besoin de ces marques extérieures pour montrer qu'il gouvernait secrètement le monde. Mais on peut dire que jusqu'en 1914, les modes montrent surtout des évolutions assez lentes, des réformes progressives, des reculs qui suivent les mouvements des idées et des goûts.

En 1900 nous sommes encore en plein esthétisme. Ceux qui peuvent évoquer les souvenirs de leur enfance, à cette époque, et qui ont, par conséquent, des yeux neufs pour les regarder, se rappellent qu'après les bandeaux à la Boticelli, les robes vert d'eau, les larges manches dites à gigot, qu'après les femmes sylphides à la Mucha, les créatures plus ou moins frêles qui promenaient les trouvailles de « l'art moderne », ils ont connu une période de simplification des lignes. La manche serrait le bras, la robe collait aux formes, le costume dit « tailleur » devenait en faveur. Mais le corset avait toujours force de loi, la jupe était toujours longue et assez ample, le décolleté variait à peine ses courbes. On s'habillait pour la voiture à chevaux, on s'habillait pour l'avant-scène du théâtre, pour toutes les heures de flânerie de la journée.

Les mœurs d'avant-guerre conservaient la douceur des anciens régimes, parce que ni le chemin de fer, ni les premiers essais de l'automobile, ni la timide propagande des gens de sport n'avait sérieusement, profondément, changé nos habitudes.

Les passe-temps d'une Parisienne de 1908 ne différaient pas beaucoup de ceux d'une Parisienne du Premier Empire. Le dimanche autorisait quelque fantaisie. Mais, au retour des courses, dans l'Avenue des Champs-Élysées, on comptait les véhicules qui revenaient d'au-delà d'Auteuil ou de Longchamp.

On peut aujourd'hui parler des plaisirs de nos mères avec plus d'étonnement qu'elles ne parlaient elles-mêmes des distractions de leurs bisaïeules.

La mode n'avait pas plus de charmes, quoi qu'on en dise. Elle avait plus de modération, plus de discipline. Elle avait le temps pour elle. On ne pensait point à changer de robes six fois par jour, parce qu'on ne fréquentait que deux endroits qui justifiassent des toilettes différentes. L'amour même, pour quoi les femmes s'habillent quelquefois, n'était impatient qu'à cause des obstacles volontaires et compliqués qu'on lui imposait.

Il semble qu'alors les femmes voulaient plus de nuances dans la passion, comme les hommes plus de résistance dans la bataille sentimentale. Si l'on exigeait de la vie tous les plaisirs qu'elle peut donner, on demandait à ces plaisirs d'occuper les heures de repos de la vie. On ne désirait pas tout à la fois, et on ne confondait pas, dans un même tourbillon, les spéculations commerciales, financières, intellectuelles et amoureuses.

Le corset représente assez bien, dans notre mémoire, avec sa rigidité, l'épaisseur de son étoffe garnie de baleines, une époque où la mode était la complice rusée de l'amour. Elle était pour l'amant ce qu'était jadis la duègne complaisante, mais à la troisième sollicitation. Quand nos mères disaient d'une femme « qu'elle ne portait pas de corset », il semblait qu'elles désignassent ces filles qui ne faisaient pas mystère de leur corps, et qu'une simple pression du bras autour de la taille, mettait à la merci des hommes. Le corset n'était pas seulement le soutien de la gorge, mais il défendait alors la vertu. Donnait-il plus de prix à la victoire ? Il n'est pas, dans la guerre moderne, de places fortes qui coûtent autant de sacrifices qu'une bataille en rase campagne...

D'ailleurs la mode, il y a vingt cinq ans, compliquait tout à plaisir. Les coiffures exigeaient tous les secours de l'artifice. Les dentelles surchargeaient les corsages. Les nids à poussière s'installaient dans tous les plis, dans tous les volants. Les chapeaux se

garnissaient de rubans, de nœuds, de plumes emmê-
lées, accouplées, de fruits en grappe, de fleurs en
touffe, croissant sur de vastes formes dont la carica-
ture faisait des paravents.

Témoignages de mœurs paisibles et sensibles, qui
n'étaient pas sans analogie avec les mœurs du temps
de Louis XVI, quand on mettait sur la tête des
femmes des bateaux et des jardins, quand on raffinait
sur les plaisirs, quand l'amour occupait les esprits,
non comme une affaire parmi tant d'autres, mais
comme un caprice du cœur et des sens, parmi tant
de désirs.

La guerre vint qui bouleversa tout. Elle n'eut sans
doute pas changé le cours de la vie beaucoup plus
profondément que les guerres du Premier Empire, si
elle n'eut ajouté à ses conséquences morales des
tranformations matérielles comparables à celles que
l'application de la vapeur apporta naguère dans
l'industrie.

Pendant que les hommes étaient à l'armée, les
femmes de toutes conditions ont occupé leurs places.
Elles furent, des plus riches aux plus pauvres,
maîtresses de leur sort, ne dépendant plus de per-
sonne ; épouses sans mari, mères souvent sans
enfant, elles travaillaient dans les grandes industries,
dirigeaient, en fait, les hôpitaux, s'occupaient à mille
besognes que les hommes, jusqu'alors, avaient faites,
et prenaient conscience de leur valeur intellectuelle
ou de leurs forces physiques.

Les deuils, les douleurs, les fatigues, mirent hors de combat celles qui n'étaient que femmes, si l'on peut dire, les autres, celles qui résistèrent aux désastres de leur foyer, aux efforts de leurs travaux, formèrent cette élite que nous voyons aujourd'hui. Et selon les ressources de leur fortune, de leur milieu, de leur âge, elles sont dans les sports, dans les affaires, dans les professions libérales, dans les bureaux ou les ateliers, les égales des hommes.

La guerre a fait pour elles mieux que toutes les campagnes féministes, mieux même que n'eussent fait des lois, elle a créé un état de fait contre quoi nul ne peut rien.

Qui, en effet, aurait le pouvoir et même la pensée d'empêcher les femmes de conduire des autos, de participer aux grands tournois sportifs, de jouer au football ou de glisser sur des skis, de spéculer sur des meubles anciens, de remplacer dans un ministère un chef de bureau ou un secrétaire particulier du Ministre ?

Si ces conquêtes avaient été le résultat des efforts d'un groupement, du succès d'une politique, nous eussions sans doute vu triompher un féminisme insolent qui eût fait payer cher aux hommes la puissance qu'ils exercèrent pendant des siècles. Nous eussions vu, dans notre pays ou les signes extérieurs ont encore tant d'importance, surgir des femmes dont les costumes eussent été des copies à peine déformées de ceux des hommes, dont elles prenaient les places par la force. Toute Révolution commence par des changements d'habits.

La Commune vit des boulangers vêtus en colonel, et Theroigne de Méricourt, si nous en croyons l'iconographie, portait le feutre aux plumes tricolores des représentants du peuple en mission.

Toute la mode féminine est en puissance dans le Code Napoléon. S'il avait été modifié par un César féminin, nous eussions, d'un seul coup, vu des transformations que nous n'imaginons point et qui eussent duré pendant toute la période révolutionnaire, car d'instinct la femme, dès qu'elle peut faire ce que fait l'homme, prend le costume de l'homme.

Nous en eûmes nombre d'exemples depuis vingt-cinq ans. Lorsque la bicyclette devint d'un usage courant, combien de femmes voulurent porter la culotte ? Elle était bouffante et, grâce à son ampleur, formait jupe, mais le canotier, la veste courte donnaient à la silhouette, vue de loin, l'aspect masculin.

De même dans les premiers temps de l'automobilisme, il n'était pas rare que la femme portât la peau de bique dont se couvraient les hommes, coiffât la casquette et prît une apparence grotesque qui la désignait à la raillerie.

Les sports suscitèrent aussi de ces singeries. Dès que la mode autorise une jeune fille à pratiquer le football, la boxe, la lutte ou la course à pied, privilèges des hommes depuis toujours, soyez assurés qu'elle portera d'abord le maillot collant et qu'elle ne se souciera

pas, dans son enthousiasme d'accomoder son costume
à ses grâces personnelles.

Mais peu à peu, avec le sûr instinct de plaire qui
les guide, les femmes adaptent leur coquetterie à
leur nouvel état, et nous avons vu naître le costume
cycliste, le costume d'auto, le costume de sports
féminins, qui sont des nouvelles branches du commerce de la mode.

Aussi cette époque où le vrai féminisme a fait tant
de progrès que ce mot nous apparaît déjà comme le
souvenir de luttes légendaires, voit-elle les femmes
s'installer dans leurs conquêtes, et « féminiser » leur
toilette masculine.

En vain, voulant sauvegarder les charmes d'autrefois, rétablir les frontières, si l'on peut ainsi s'exprimer, des couturiers ont-ils essayé, aussitôt après la
guerre, de revenir aux robes à paniers, et ressuscitant
l'histoire, profitant de la propagande du cinéma, des
revues de Music-Hall, ont-ils espéré qu'on reverrait
des Watteau et des Winterhalter. Quelques femmes
ont, sur l'instant, pris plaisir à les suivre. Mais la vie
quotidienne imposait d'autres formes.

La silhouette féminine est devenue plate. L'ado-
lescent fait aujourd'hui un meilleur mannequin que
la Vénus de Milo. Les jeunes gens et les jeunes
femmes pourraient échanger leurs vêtements. Plus
de coiffures difficiles : les cheveux sont courts. Plus
de traînes ni d'enveloppements : les jupes sont
courtes et droites. On s'accorde, dans les gazettes qui

la régissent, à dire que jamais la mode n'a été moins
tyrannique, que la plus grande liberté est laissée à
toutes : mais il ferait beau voir que vous eussiez la
taille marquée là où elle est naturellement, et que
vous voulussiez montrer votre poitrine : il y a des
coups d'état, dans ces cas là, qui sont des abdications !

En réalité, les couturiers s'efforcent incontestablement de créer des modèles pratiques. Ils se sou-
cient peut-être moins de l'opinion des hommes que de
la forme des autos, moins des compliments sur l'élégance de leurs créations que de la commodité
qu'elles ont, au théâtre, en voiture, au tennis, à la
plage. La mode féminine d'aujourd'hui est d'abord
égoïste.

Et c'est ainsi que nous rejoignons l'étude des mœurs,
et que nous justifions ce que nous disions au début
de ce chapitre : que le couturier est un moraliste.

Il est certain que la femme donne moins de temps
aux jeux des sentiments et de l'amour que jadis. Sans
doute l'homme lui a donné l'exemple, et elle serait
trop longtemps seule à la partie si elle s'y obstinait.
Elle essaye toujours de plaire mais avec le minimum
de frais. Elle songe que plus la vie est brève, plus
l'auto va vite, moins durables sont les passions.

Il y a la même différence de la diligence à la torpédo que de l'amour à la passade.

— Je n'ai pas le temps de vous aimer, disait à
Paris une femme à son amant, il faut que je sois
demain soir à Lyon, et c'est moi qui conduis !

C'est qu'en vérité, elle préférait le voyage à la tendresse, qu'elle avait le sens de ses responsabilités, et ne comptait que sur soi-même.

— Je regrette bien de vous déplaire, disait une autre femme à son mari, quand elle eut fait couper ses cheveux malgré la défense de l'époux, mais c'est si pratique !

Elle préférait sa commodité au plaisir qu'elle pouvait donner, et se souciait peu du coup qu'elle portait à son prestige pourvu qu'elle pût se coiffer d'un coup de peigne.

Ceux qui, dans cent ans, feuilletteront les journaux de modes, verront à sa naissance cette transformation de la beauté et de l'âme féminines. Il est vraisemblable qu'ils n'y prêteront pas plus d'attention que nous n'en donnons nous-mêmes au premier bateau à vapeur. Ils seront faits aux conditions de leur existence, et emploieront les mêmes mots que nous pour nommer des sentiments qui ne seront peut-être alors que des sensations.

Mais il s'en trouvera toujours pour croire que notre époque était plus belle, comme nous-mêmes regrettons le temps où nos grands-mères disaient que leurs aïeules avaient su vraiment ce qu'était l'Amour.

La Société des femmes gâte les mœurs et
forme le goût. L'envie de plaire, plus que les
autres, établit les parures, et l'envie de plaire,
plus que soi-même établit les modes. Les
modes sont un objet important. A force de
rendre l'esprit frivole on augmente sans
cesse les branches de son commerce.

MONTESQUIEU.
(L'Esprit des Lois)

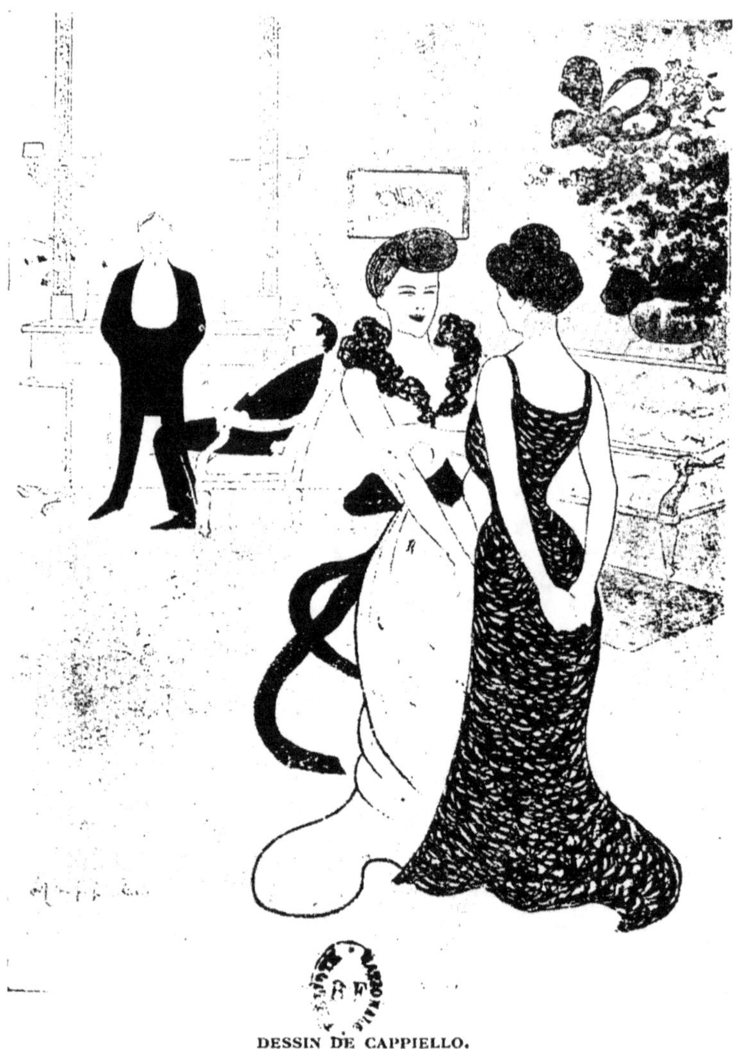

DESSIN DE CAPPIELLO.

Les Modes, 1901.

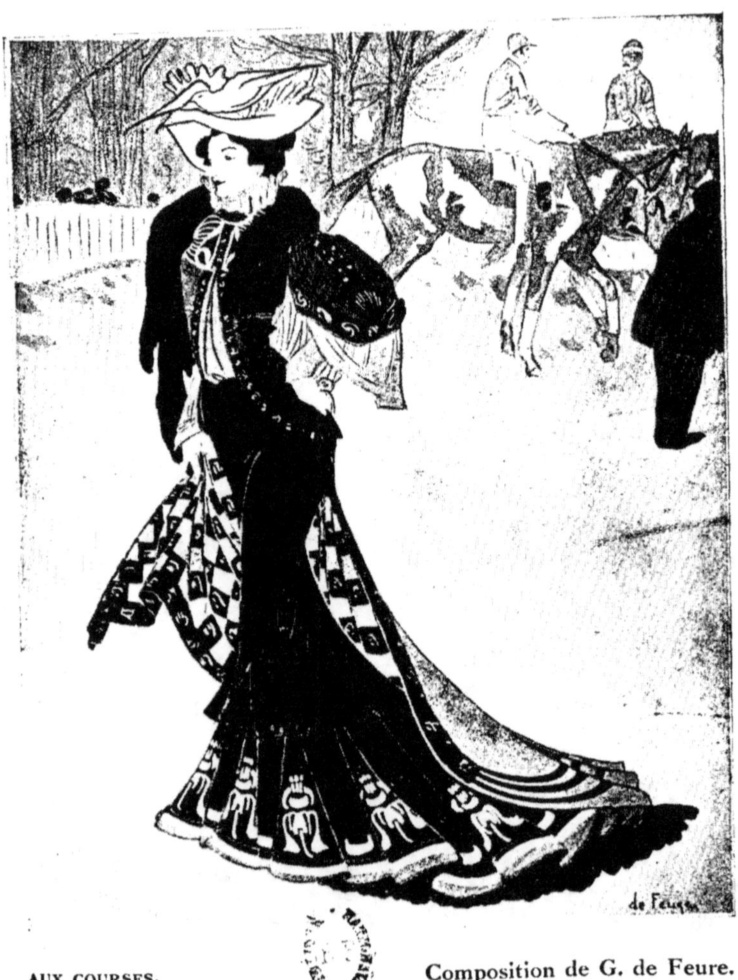

AUX COURSES.
PL. II.

Composition de G. de Feure.
Les Modes 1902.

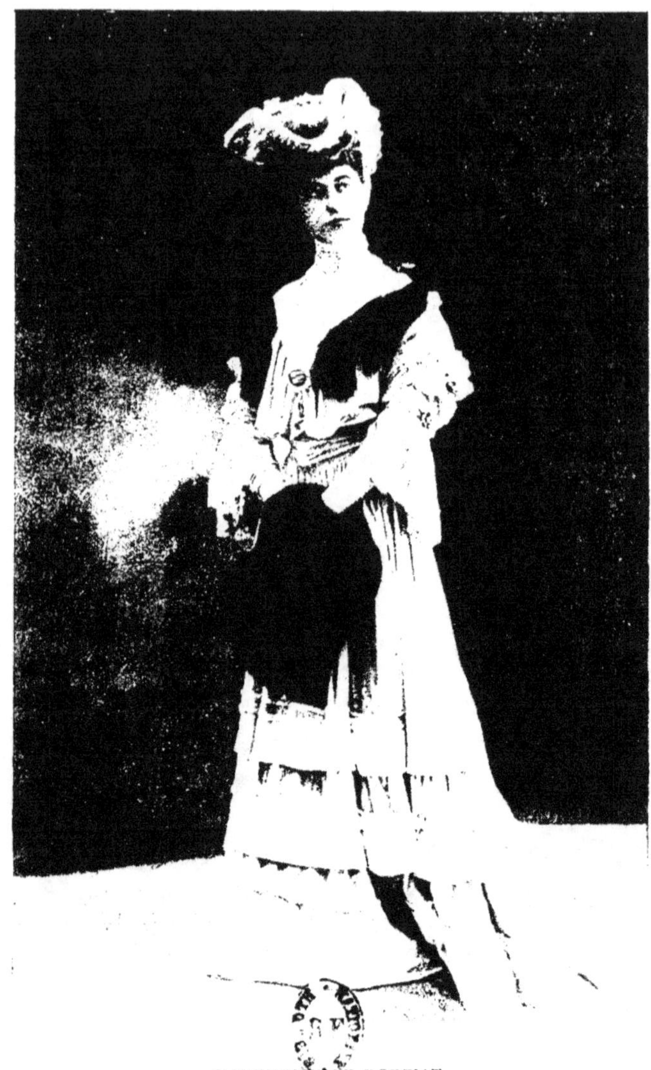

MADEMOISELLE DORZIAT.
Robe d'après-midi par Paquin.

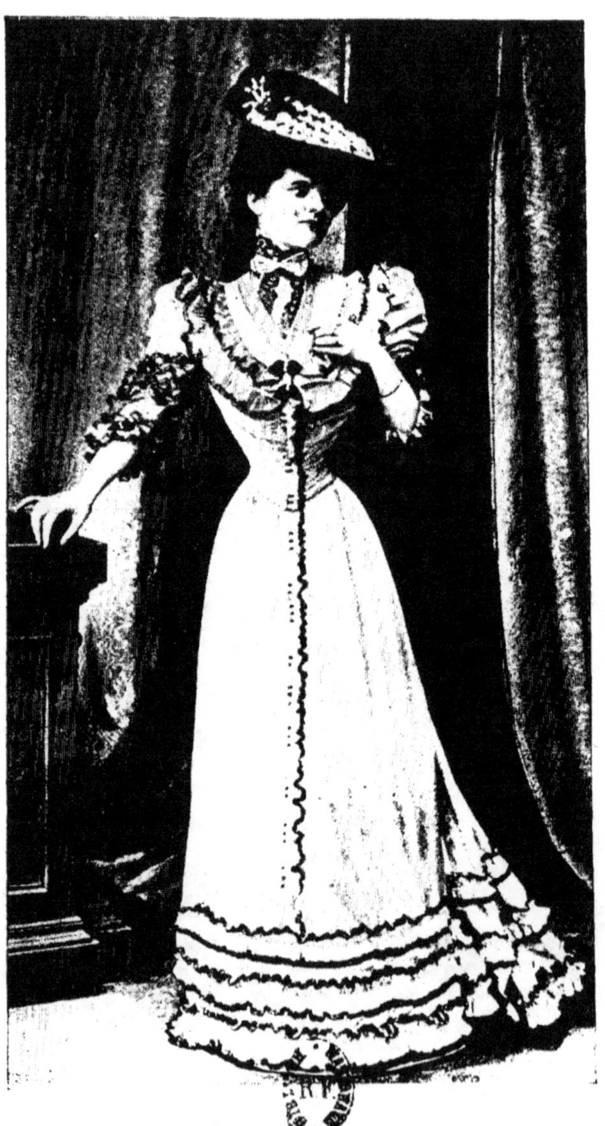

ROBE D'APRÈS-MIDI PAR ROUFF.

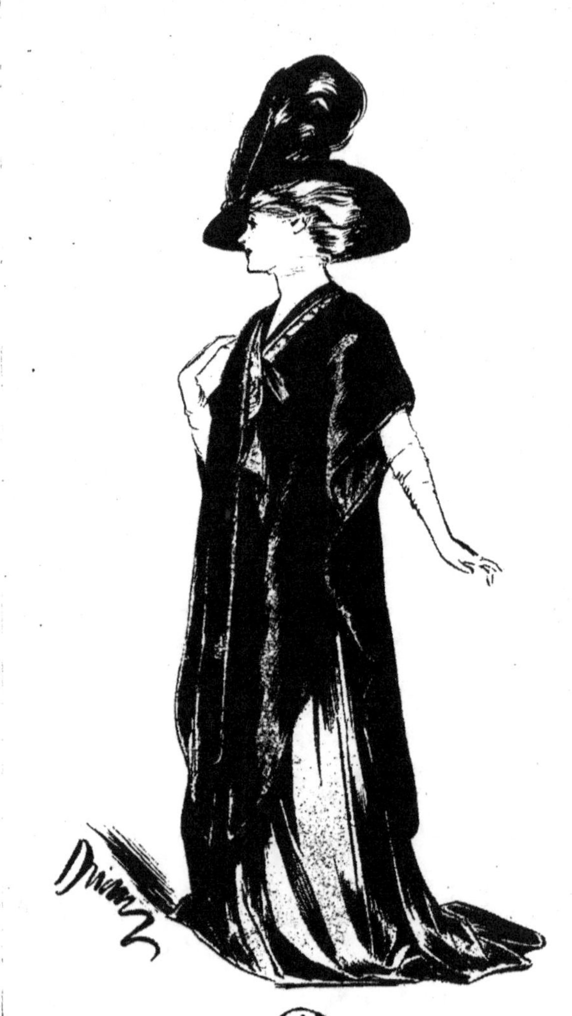

SALOMÉ

DESSIN DE DRIAN.

PL. V.   1907.

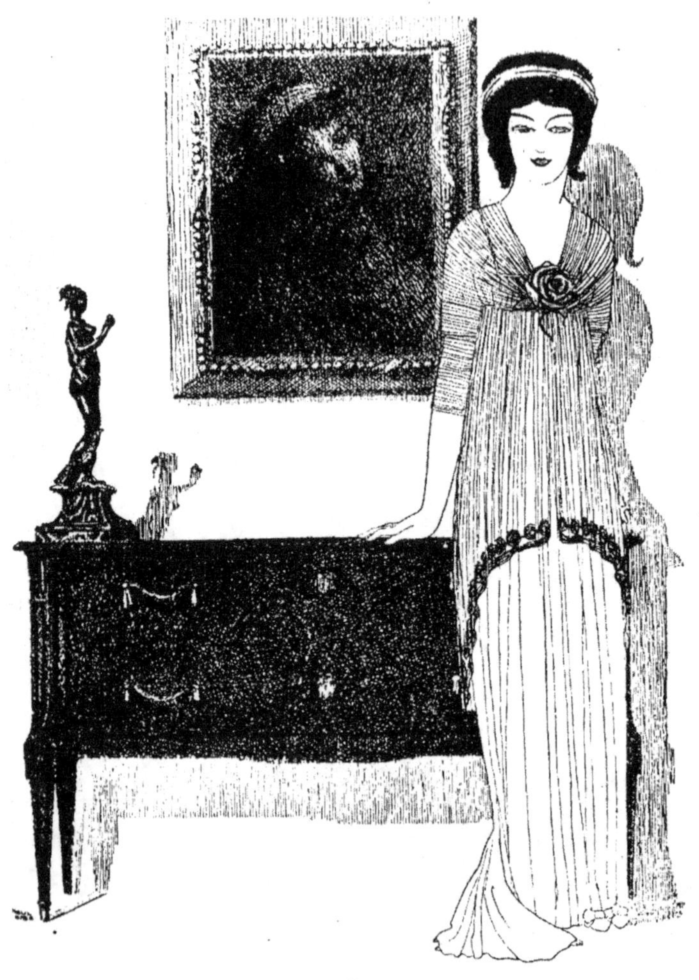

LES ROBES DE POIRET
racontées par Paul Iribe.

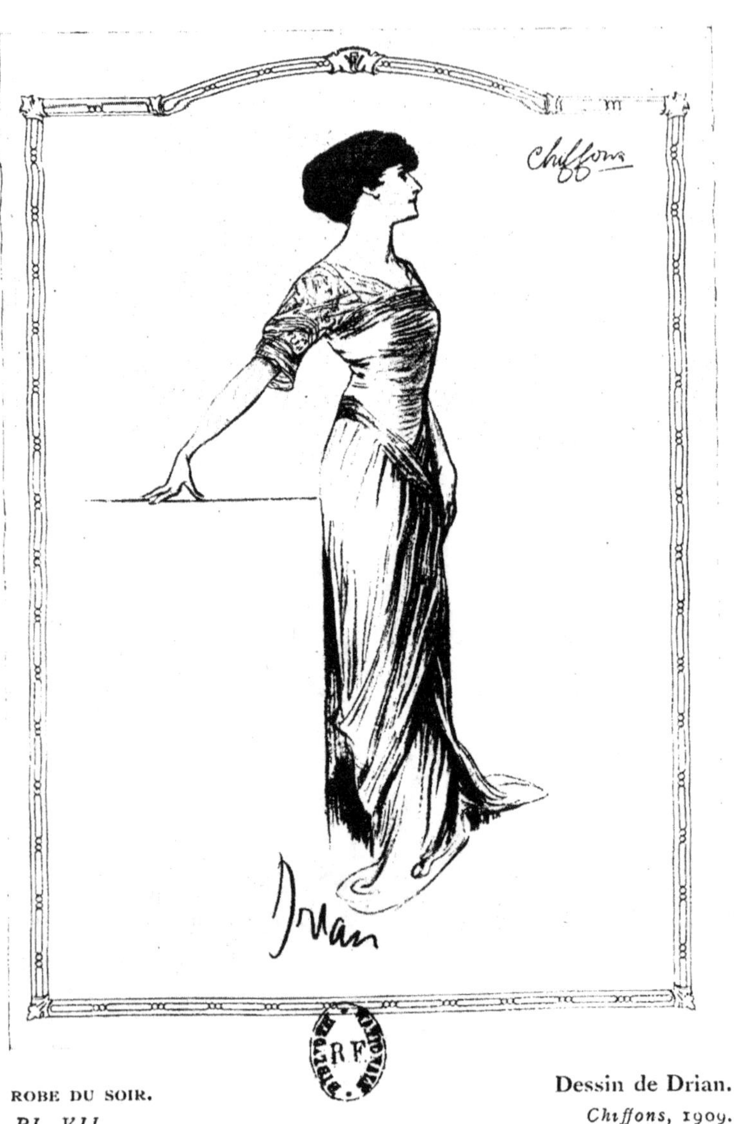

ROBE DU SOIR.
PL. VII.

Dessin de Drian.
Chiffons, 1909.

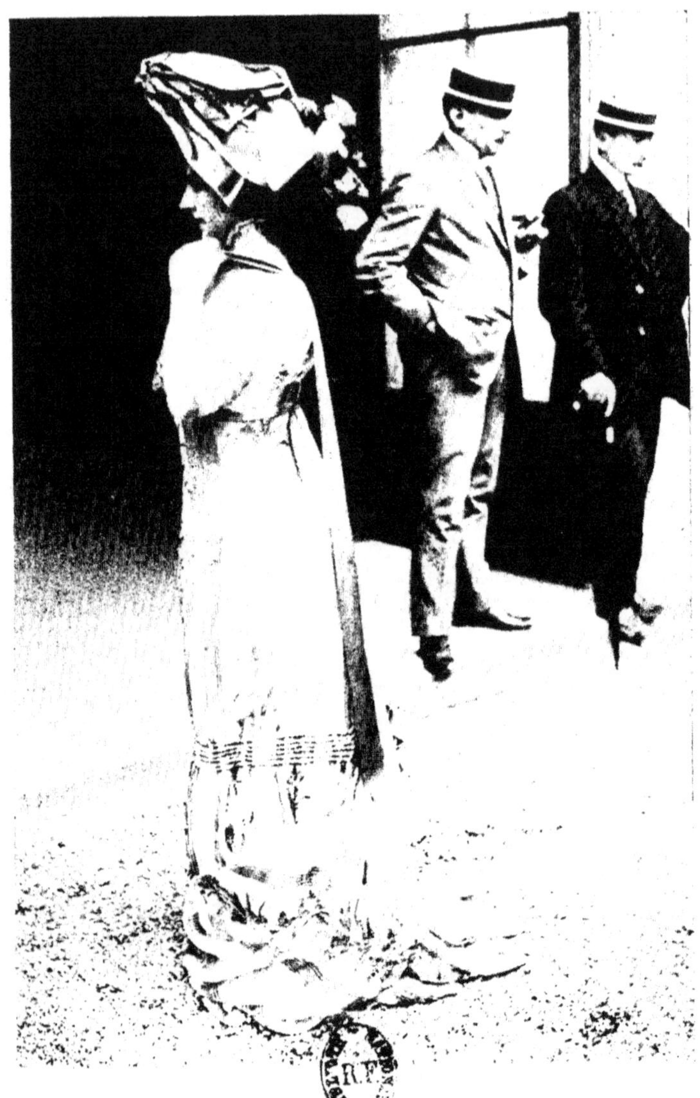

UNE ÉLÉGANTE EN 1909.

PL. VIII.

Photo Branger.

— Ce n'est plus à ses cheveux, aujourd'hui, qu'on reconnaît une femme.

— Dans la mode actuelle, il y a une tyrannie de la liberté.

— Le sport a affranchi la femme de l'élégance apprêtée.

— Il y a autant de différence entre les vêtements féminins de 1900 et ceux de 1924 qu'entre les premières autos et les torpédos.

— Les femmes veulent se donner, aujourd'hui, l'illusion d'être libres... dans leurs vêtements.

— Les femmes d'aujourd'hui ne votent pas encore, mais elles mettent déjà leurs mains dans leurs poches.

RENÉ BIZET. — *La Mode.*

2

— A voir certaines femmes dans les salons de thé, on croirait que la mode n'a évolué que pour leur permettre de fumer la cigarette...

— Nos plus beaux souvenirs d'amour ont les robes de notre jeunesse.

— Il est souvent moins mélancolique de se souvenir de la couleur d'une robe qu'Elle portait, que de la couleur de ses yeux.

— On n'aime pas toujours une femme pour ses toilettes. Mais qu'on lui en a de reconnaissance !

— Il n'y a pas bien loin d'une belle robe à un beau bijou.

— Nos grands mères gardaient les robes de leurs grands souvenirs. Nos filles ne garderont même pas le souvenir de leurs robes.

— Il n'est pas rare d'entendre une femme qui a, sur elle, une robe de trois mille francs, dire à une amie : « Avec de jolis souliers et un joli chapeau, une femme est toujours bien habillée... »

— C'est au chapeau qu'on juge du goût, c'est aux chaussures qu'on juge de la fortune.

— La femme méprise l'homme qui s'habille avec trop de soin ; elle défend son privilège.

— On admet toujours difficilement qu'un homme intelligent prenne souci de sa toilette : le génie se porte en négligé.

— Il y a des femmes assez sottes pour montrer par leurs vêtements qu'elles sont des « intellectuelles »...

— Un homme qui remarque la nouvelle robe de sa femme et l'en complimente s'assure une journée de printemps.

— Certaines femmes sont vêtues à la mode, sans coquetterie, comme d'autres sont jolies, sans amabilité.

— Suivre la mode, c'est être polie avec son temps.

— Les femmes qui suivent la mode par crainte du ridicule sont toujours mal habillées.

— Quand une femme porte pendant longtemps la même toilette, c'est quelquefois parce que son mari et son amant ont le même goût.

— On dit d'une femme qu'elle ne pense à rien parce qu'elle ne pense qu'à sa toilette. Ce ne sont ni les couturiers ni les modistes qui ont cette opinion, d'ailleurs très injuste. Ce n'est pas une petite entreprise que vouloir plaire, et la femme peut n'avoir pas d'autre ambition. Il est assez difficile de la satisfaire, et pour y parvenir, si l'on tient compte du temps dont la femme dispose, entre son adolescence et son âge mûr, il faut reconnaître qu'il est normal qu'elle apporte tous ses soins à sa parure.

Il n'y a guère que les femmes de lettres ou les femmes artistes qui croient que l'intelligence et les connaissances suppléent à tout. Mais les comédies qu'elles nous donnent laissent cette amertume que la raison porte toujours en elle. Et aimerions-nous à ce point le commerce des femmes s'il n'y avait dans ses divertissements un peu de la féérie qui prolonge les histoires de notre enfance ?

— Si le goût pour la toilette est né du sentiment de la pudeur, il faut bien avouer que la mode renie souvent son origine. Ses reniements ont toujours une certaine délicatesse, car ils ne sont pas sans intentions perfides, et les femmes savent trop le prix que nous attachons à la retenue, pour la sacrifier même à leur beauté.

Ainsi peut-on dire que la pudeur n'y perd pas, mais il n'est pas certain que la mode ne fasse pas tout pour qu'on oublie que la pudeur est une vertu.

— Il y a des femmes qui composent leurs toilettes comme des poèmes. Mais, heureusement, ces poèmes là elles ne peuvent pas nous les lire.

— Il y a des peintres qui auraient dû être couturiers : on les eût pris pour des artistes.

— Toutes les clientes d'un couturier croient qu'elles ont l'âge de ses mannequins.

— Il y a des robes pour l'exportation : ce sont des traductions libres.

— Toute femme a un modèle... mais c'est de robe.

— Une femme commandait son deuil à une couturière qui l'habillait depuis longtemps : « Soignez le bien, disait-elle, qu'on puisse se fier aux apparences ! »

— Une femme s'habille rarement pour son mari, quelquefois pour son amant, le plus souvent pour son miroir.

— Il y a des femmes qui vont chez leur couturier comme à un rendez-vous d'amour : elles sont en retard et ne trouvent rien à leur goût.

— Il y a des femmes qu'il faut aimer pour leur toilette : c'est plus prudent.

— A chaque époque, il y a des femmes qui ne daignent pas suivre la mode : c'est souvent la mode qui les suit.

— La plus grande erreur des femmes c'est de soumettre leur silhouette à la mode, plutôt que la mode à leur silhouette.

— On dit souvent qu'une robe est un état d'âme ! Pourquoi une femme aurait-elle cette franchise ?

— La mode a respecté les castes. Il n'y a plus « noblesse et tiers-état », mais monde et demi-monde. S'ils sont parfois mêlés c'est que la mode est un témoignage des mœurs.

— Il y a mode et demi-mode, comme il y a monde et demi-monde.

— Les femmes sont rarement fidèles à leurs couturiers, parce qu'elles ne veulent pas toujours plaire au même homme.

— Combien de femmes, pourrait-on dire en retournant une pensée de La Bruyère, à qui une grande fortune n'a jamais servi qu'à leur faire espérer une grande beauté !

— Il y a des femmes qui s'habillent à la fois pour un homme et contre une femme.

— Si les robes pouvaient parler ! disent les poètes... Elles ne trahiraient pas leurs complices.

LE COUTURIER

C'EST un bien étrange personnage. D'abord, il n'a pas de sexe. On dit « couturier » s'il s'agit d'une couturière. Pour avoir droit à ce titre, il faut et il suffit d'avoir une maison importante, entre la place de l'Étoile et la place de l'Opéra, de créer des modèles, de présenter des mannequins, et d'acquérir une renommée qui vous vient du théâtre, du music-hall ou d'une clientèle de choix prompte à proclamer vos mérites...

Ce n'est pas d'aujourd'hui que l'homme s'intéresse aux robes féminines. Peut-être la pensée de vêtir les femmes est-elle venue à un mari ou à un amant las de payer la couturière. En tous les cas la mode étant de plus en plus considérée comme un art, il serait imprudent de dire à M. P... qu'il n'est pas un artiste.

Le couturier profite des inventions ou recherches des marchands de tissus, de l'imagination de ses modelistes et de ses dessinateurs, mais c'est lui qui impose à sa maison son genre. Sa marque de fabrique n'est pas une fantaisie. Elle veut dire qu'il est le seul à draper les étoffes de telle façon, qu'il est le seul à employer les lamés d'or et d'argent, à utiliser certaines teintes.

Il faut qu'en voyant aux courses, ou au théâtre, une robe sur une femme, on dise : « C'est un modèle de X... ou d'Y... » Si le nom du père n'est pas inscrit dans les plis ou la couleur de la robe, le couturier n'est pas digne d'avoir des enfants.

Le couturier, si c'est un homme, ne dédaignera pas de se faire remarquer par quelqu'excentricité de costume. Il souhaitera qu'on parle de lui, soit qu'il donne des fêtes, soit qu'il accorde des interviews, soit qu'il se distingue, en ses propos, par des saillies qu'on rapporte et qui passent pour mots d'esprit.

Le couturier doit faire parler de lui, comme ferait le peintre à la mode dont la carrière est parallèle à la sienne. Il n'y a pas grande différence entre les deux hommes. Tous deux doivent embellir les femmes. C'est le secret de leur fortune.

Du peintre, le couturier doit avoir l'apparente prodigalité. Un Van Dyck ne fut grand peintre pour ses contemporaines que par l'excès de ses dépenses. Un grand couturier doit gâcher l'étoffe comme le peintre la couleur. Il doit savoir créer, à n'importe quel prix, une atmosphère autour de ses clientes. Et l'homme qui inventa de vendre en musique des accessoires de mode avait l'intelligence commerciale d'un portraitiste qui vaporisait son atelier d'essences rares, quand il avait une femme du monde pour modèle.

Le couturier ne doit négliger aucun moyen de propagande. Il a le théâtre, le music-hall pour « exposition particulière » certains grands bals sont pour lui des sortes de « salons » auxquels il faut qu'il participe. Il peut même avoir plus de hardiesse. On se moquera de lui, mais on lui saura gré du mal qu'il prend. Car il lui est aisé de répondre qu'il travaille « pour la France ». C'est un argument qui porte toujours et qui d'ailleurs est souvent justifié.

Nous avons vu, ainsi, se créer de véritables « pensionnats de mannequins » qui vont avec leur directeur à l'étranger exhiber les toilettes françaises. Ces jeunes filles étroitement surveillées pour que la frivolité de leur emploi ne soit pas une excuse à la légèreté de leur conduite, défilent vêtues des dernières créations du maître, au cours d'une conférence faite par ce dernier. Mieux encore, emportant dans leurs bagages les robes nécessaires à leur séjour, elles promènent ainsi dans les villes qu'elles visitent avec leur chaperon, toutes les grâces qui jusqu'alors semblaient réservées aux plaisirs des yeux parisiens.

Ainsi le couturier hausse sa profession jusqu'à l'apostolat, et confond les intérêts de sa maison avec ceux de son pays.

Le couturier vend cher. C'est un fait. Pour deux

raisons : parce que ses frais sont considérables, et parce qu'il sait que sa faveur est fragile.

Il y a des couturiers qui ne durent qu'une mode : l'espace d'une saison...

Le couturier actuel, à force de pousser la femme à la ligne simple, à force de faire des vêtements qui ne sont plus que des étoffes, va vers sa perte. Et c'est, croyons-nous, ce danger pressenti par tous qui fera plus sûrement revenir la mode à ses fantaisies de naguère, que toutes les considérations esthétiques.

Le couturier a pour concurrent direct, aujourd'hui, le fabricant de tissus. Les modes orientales ou africaines qui ont bouleversé ce dernier commerce font qu'une femme peut se vêtir en achetant directement l'étoffe dont elle veut se parer, et faire exécuter des modèles à une petite couturière en chambre.

Les couturiers ont si bien deviné le péril qu'ils se sont réunis au début de cette année 1925 pour y porter remède.

Il ne faut jamais dire aux femmes ni aux enfants qu'ils n'ont pas besoin de maîtres... parce qu'ils s'en passent.

Il y a un bolchevisme de la mode.

Il est plaisant de donner en exemple les Noirs ou les Orientaux. Il est amusant d'exalter les goûts primitifs. Mais il est imprudent de le faire quand on ne vit que des subtilités de la civilisation.

LES MANNEQUINS

C'EST une référence que nul ne conteste. Être mannequin chez un couturier de la rue de la Paix, confère un brevet d'élégance, de prestance et de grâce, qui fait partout autorité. Le mannequin n'est pas tout à fait une actrice, mais ce n'est plus une ouvrière, ni une employée. Elle ne se fait pas applaudir, mais discrètement admirer. Elle jouit d'un secret prestige qui se prolonge pour quelques-unes même quand les lumières des salons sont éteintes, qui s'évanouit, pour la plupart, dans la demi-clarté de la rue.

Cinq heures. Une grande pièce où les bruits de l'extérieur semblent être étouffés par les étoffes. Des clientes occupent des fauteuils. Des jupes traînent sur des canapés comme des brassées de fleurs. Sous des lampes électriques aux lueurs tamisées, de grands miroirs reflètent un petit univers artificiel et charmant.

C'est l'heure du mannequin.

Il va surgir hors de cette porte comme au théâtre. Ce coin entre deux fenêtres, ces deux mètres carrés sont sa scène. On l'attend comme une attraction, la vendeuse bavarde, fait l'article, évoque des images, occupe le spectateur. Ce sont les couplets de l'utilité.

La porte s'ouvre. Le mannequin apparaît. Si elle n'était parée de grâces naturelles et des ressources d'un art minutieux, on l'admirerait pour sa danse. Elle ne marche pas. Elle arrive les bras éloignés du corps, les paumes des mains molles et retournées comme pour une offrande. Elle semble tenir, au bout de ses doigts, desserrés, une rose. Elle s'avance.

Les bayadères de nos rêves orientaux n'ont pas plus qu'elle le sens du rythme. Les hanches roulent, le buste tangue, la tête oscille de droite à gauche, puis de gauche à droite, telle une palme au souffle d'une brise, et suivant une cadence marquée par une musique traditionnelle que le profane n'entend pas.

Veut-elle montrer, par ce balancement que les robes d'aujourd'hui ne contraignent pas les membres et que le corps est libre sous ce velours bleu de nuit ? Croit-elle que la nonchalance est une manière de charme ? Est-ce par indifférence qu'elle esquisse cette valse-hésitation ?

On la regarde. Son visage n'exprime rien, ni la joie d'être belle, ni le regret des soieries qui sont pour d'autres, ni même l'ennui de piétiner dans ce petit espace. Elle ne dit pas un mot. Quelquefois sa main rectifie un pli ou se pose sur la hanche, à l'espagnole. Ce n'est pas une opinion. C'est un mouvement pour laisser mieux deviner l'harmonie d'une ligne.

Celles qui la regardent, en cet instant, ont une forte taille. Elles jugent pourtant d'une robe d'après l'élégance qu'elle a, tout naturellement, sur cette longue jeune fille, mince, plate, et faite pour la mode par un Dieu-couturier.

— La jupe n'est pas trop longue ?

— Non, Madame, on la porte ainsi maintenant.

— Je n'aime pas les broderies d'or.

— C'est le goût américain, s'il n'y a pas d'or ce n'est pas une robe de soirée... On peut vous mettre des broderies noires... C'est très simple, vous voyez un grand pli dans le dos... Tournez-vous, Mademoiselle Jeanne...

Mademoiselle Jeanne tourne, secoue ses épaules pour un shimmy, plutôt que par protestation, se regarde dans une glace, arrange une mèche de cheveux rebelles, et s'en va comme elle est venue, glissante et silencieuse.

Les clientes se concertent. Le salon s'emplit d'un murmure : ce sont les bavardages de l'entr'acte... On chiffonne des tissus, on se passe de mains en mains des ceintures de jais ou de métal qu'on portera très bas et qui donneront à la plus pure Parisienne

une démarche de femme arabe ; on s'attarde à
contempler cette mousseline cirée, qui semble des
ailes arrachées à une mouche gigantesque. Puis,
nouveau silence. Un autre mannequin...

On a jugé tout de suite que sa robe ne plaisait pas.
On ne la retient pas. On la considère à peine.
Que lui importe ce dédain. Elle est là pour son
numéro. Elle l'exécute. Puis quand elle juge qu'elle
a fait son temps, elle disparaît dans les coulisses...
A une autre !

Peut-être qu'à minuit toutes ces jeunes filles
blondes, brunes, pâles, se donnent des bals mysté-
rieux ? Si nous prêtions l'oreille dans la rue de
la Paix, quand nous revenons des théâtres, nous
entendrions peut-être une musique grêle et le frôle-
ment des pas sur le tapis ?

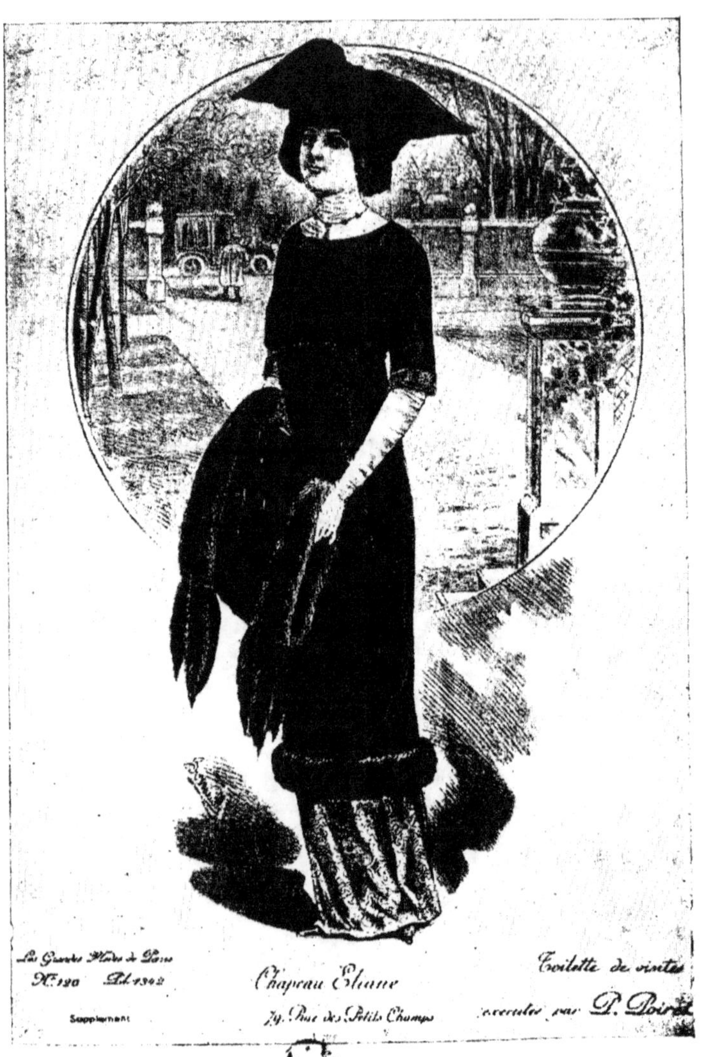

TOILETTE DE VISITES PAR P. POIRET.

PL. IX.   *Les Grandes Modes de Paris, 1910.*

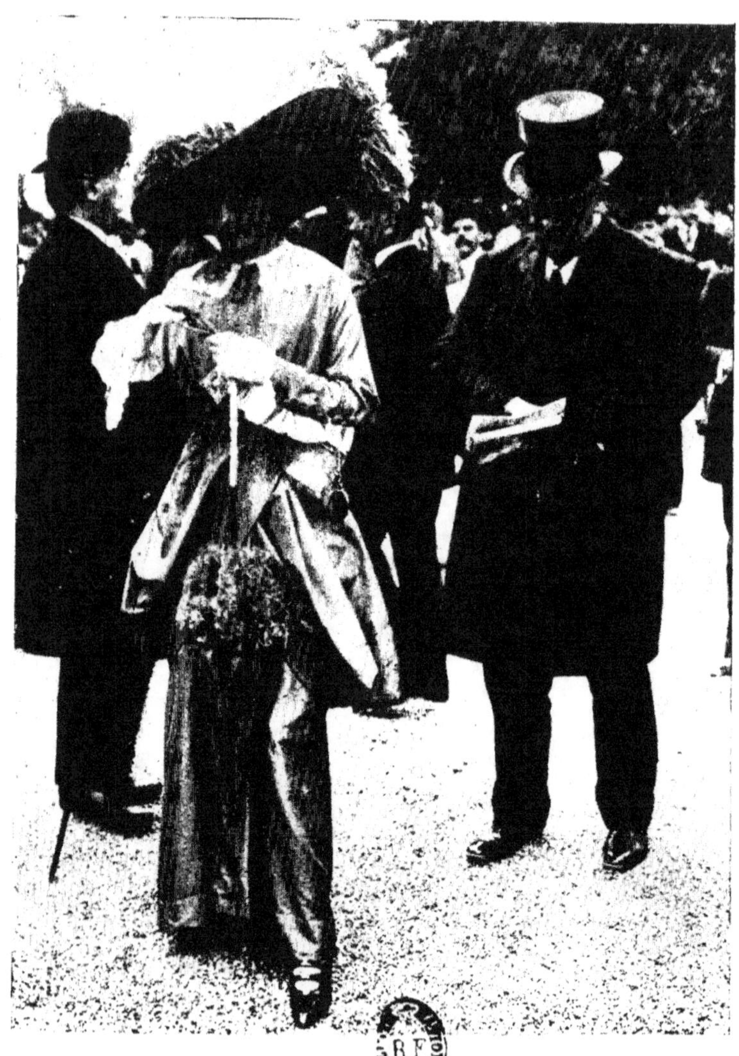

AUX COURSES, 1910.

PL. X.   Photo Branger.

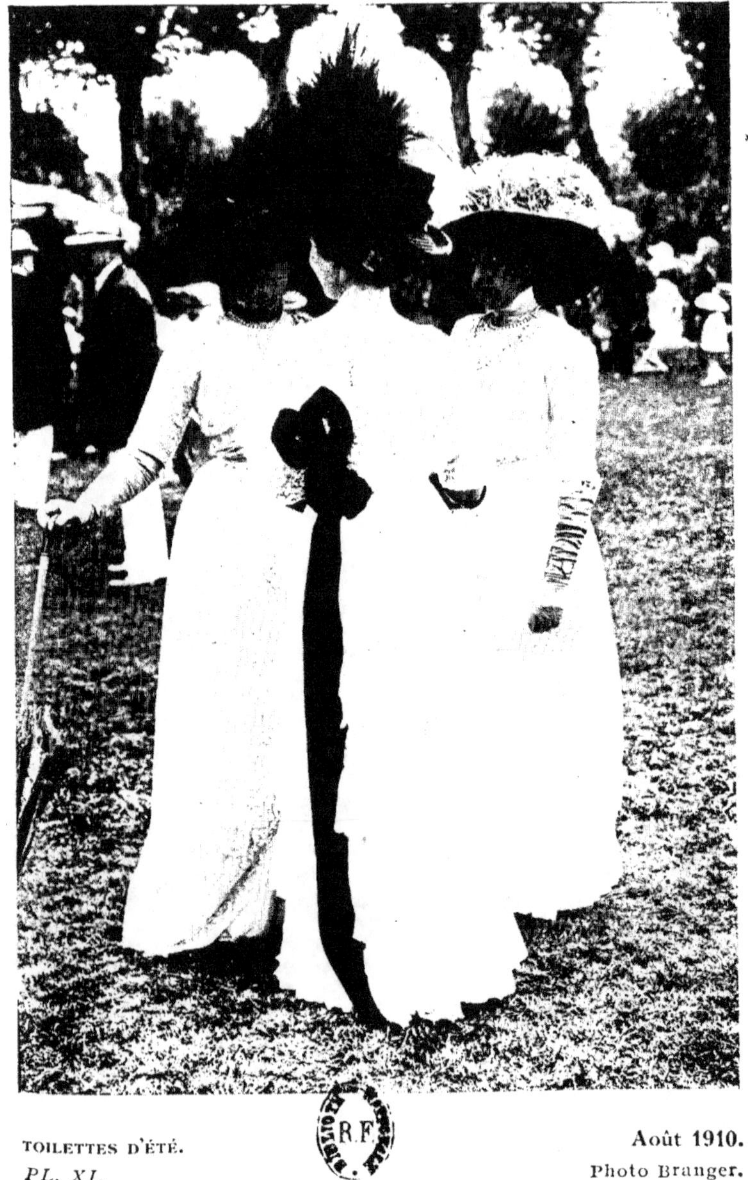

TOILETTES D'ÉTÉ.

PL. XI.

Août 1910.

Photo Branger.

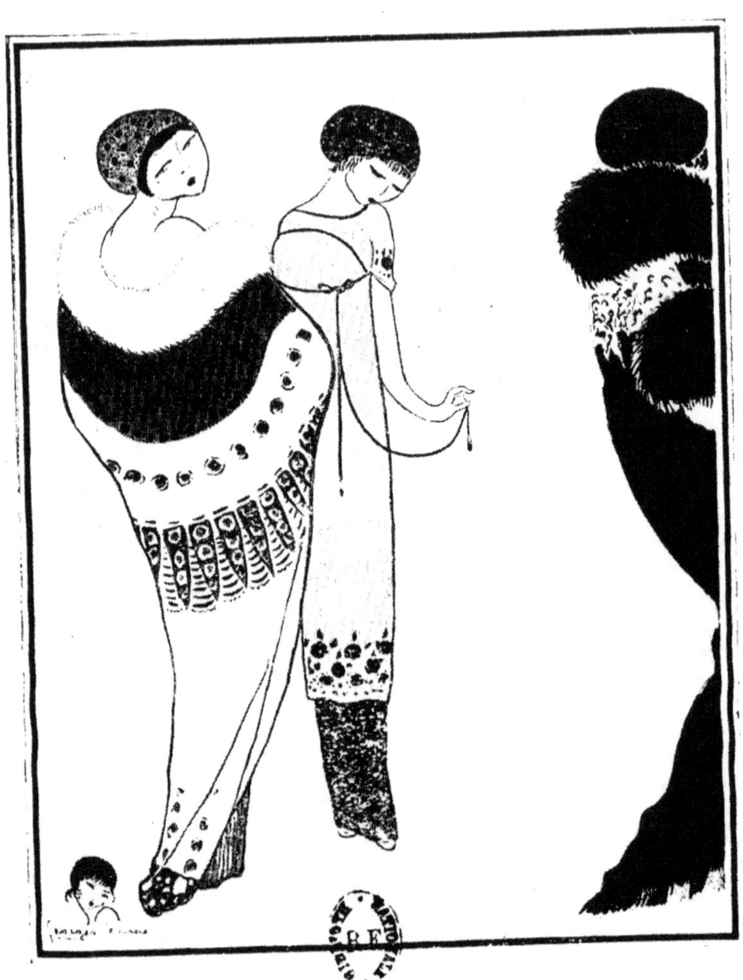

LES CHOSES DE P. POIRET
vues par Georges Lepape.

PL. XII.   1911.

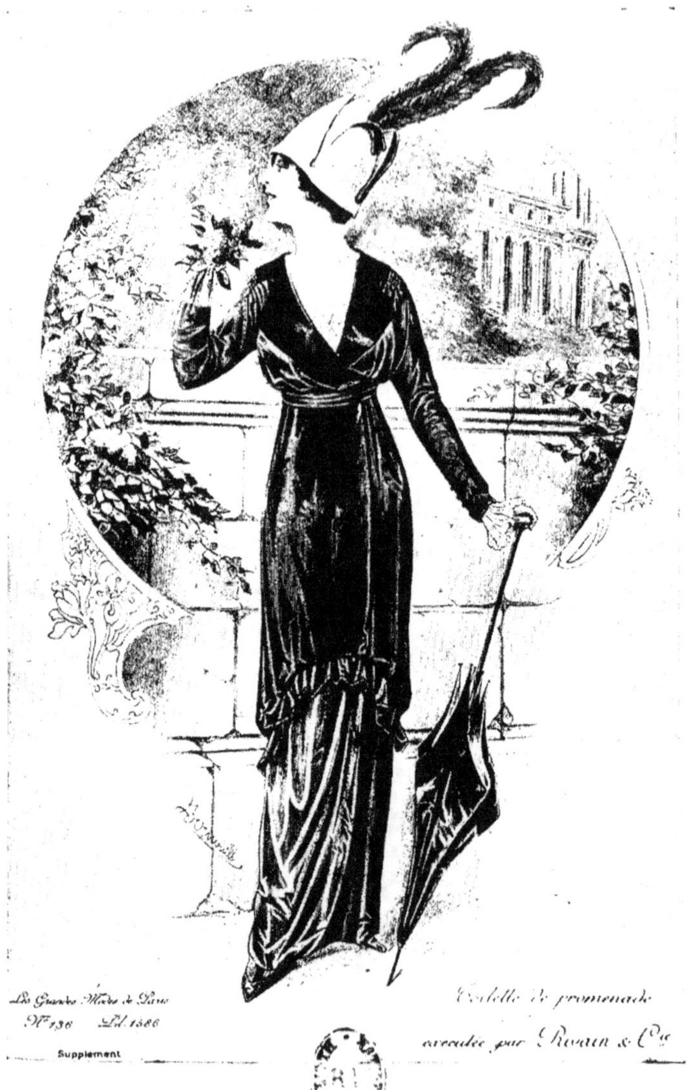

TOILETTE DE PROMENADE PAR RIVAIN.

PL. XIII   *Les Grandes Modes de Paris*, 1912.

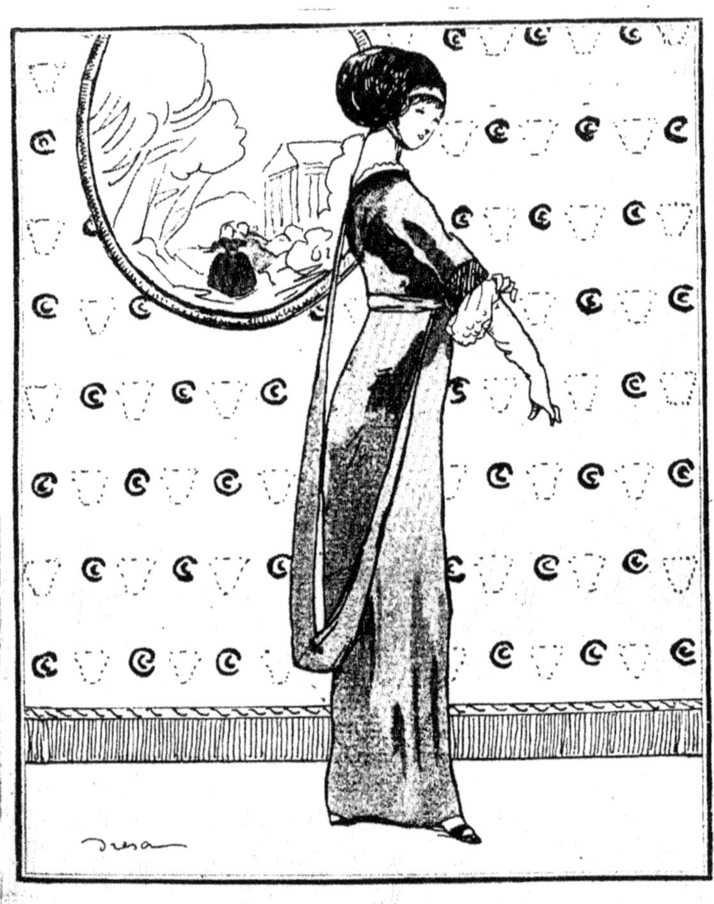

LES GANTS JAUNES

Robe d'après-midi de Doucet

Dessin de Drésa.

Gazette du Bon Ton, 1912.

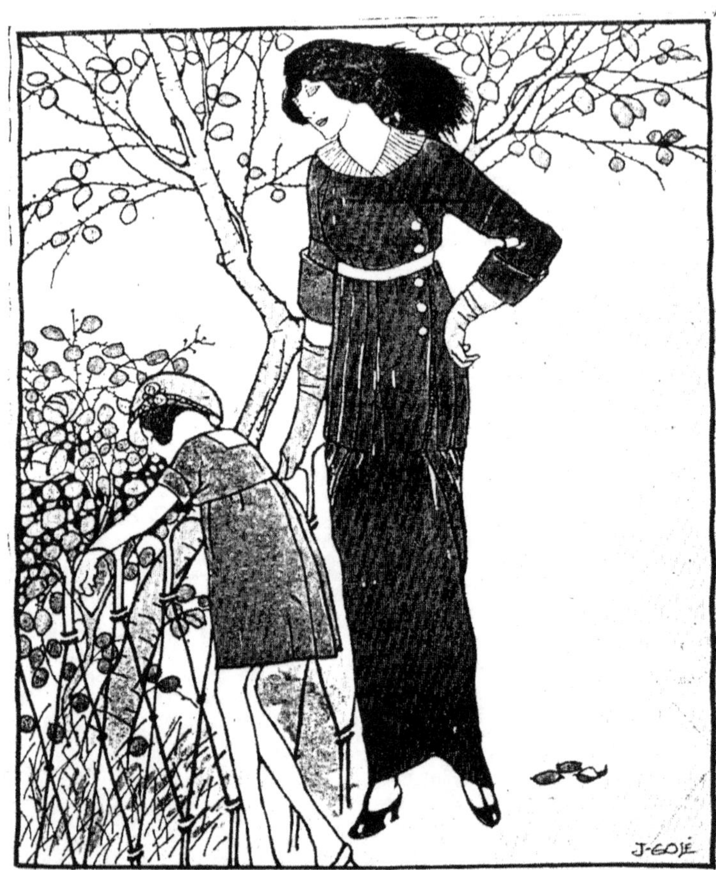

LES PREMIÈRES ROSES

Costume Tailleur pour le matin

COSTUME TAILLEUR POUR LE MATIN.
PL. XV.

Dessin de J. Gosé.

Gazette du Bon Ton, 1913.

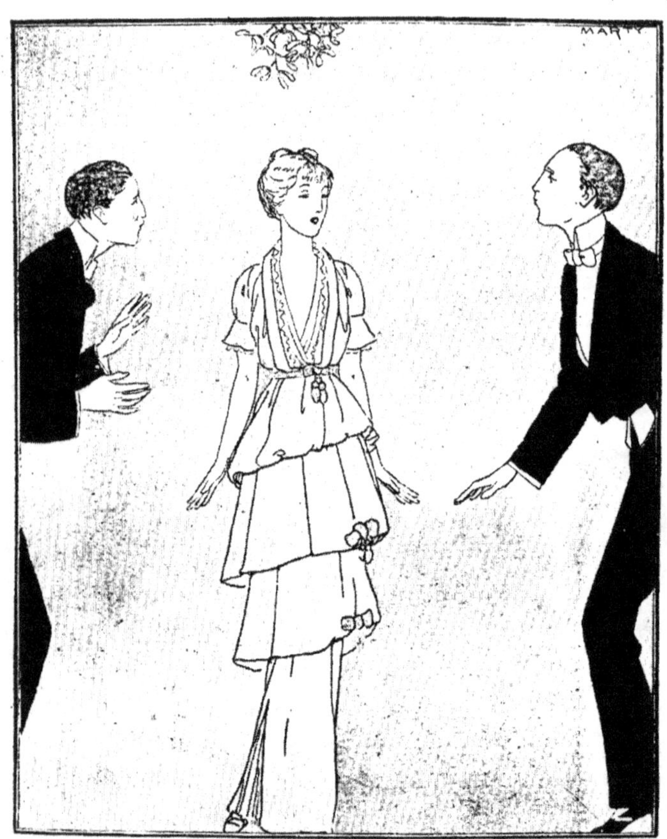

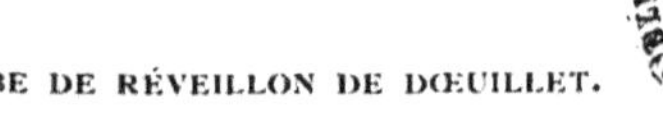

ROBE DE RÉVEILLON DE DOEUILLET.
PL. XVI.

Dessin de Marty.
Gazette du Bon Ton, 1914.

CLIENTÈLE

ARLETTE qui porte un pyjama très masculin pour la nuit est beaucoup moins vêtue pour le jour. A peine a-t-elle sur le corps deux cents grammes d'étoffe. Sa jupe pantalon est une dentelle, sa robe un large ruban attaché sur la hanche, son corsage une bulle de savon. Elle ne se croit pas immodeste. Elle n'a ni fesses ni poitrine. Elle n'attire point les regards par ses formes. Ne prononcez pas ce mot-là devant elle. Mais si vous voulez la flatter, dites qu'elle a une ligne.

C'est à cette ligne qu'elle sacrifie toute sa grâce. Elle laisse tomber ses épaules, creuse son estomac, pousse son ventre et garde ses jambes à peu près droites parce que les « mannequins » ne savent pas encore marcher autrement.

Elle fait effort pour avoir l'air las, et se fatigue à jouer les mélancoliques, car il ne sied pas à sa ligne, aux couleurs qu'elle porte, qu'elle paraisse gaie, comme elle l'est, de nature.

Qu'elle soit au Bois, le matin, au thé, l'après-midi,

dans un dîner ou au théâtre, elle ne change pas d'attitude. Elle s'ennuie partout pour ne pas contredire ses robes.

Ce n'est que dans son lit, en homme, qu'elle redevient une femme comme une autre.

GISÈLE a plus de cinquante ans, mais elle a coupé ses cheveux à la garçonne, porte des jupes courtes et dédaigne le corset. Elle se réjouit, tous les jours, de vivre dans un temps qui permet qu'on se rajeunisse autrement que par les fards et les teintures. Certes, elle emploie, comme nos mères, les crayons et le henné, mais elle croit que l'illusion sera plus complète si elle découvre, à la fois, sa nuque et ses mollets.

Elle parle de son coiffeur avec trop d'insistance. On comprend qu'il lui est indispensable. Elle s'émerveille de sa silhouette. Des amies l'admirent, dit-elle. Elle se fie à ces miroirs : sa glace et les flatteurs.

Elle plaisante les vieilles femmes, sans indulgence, avant tout le monde, parce qu'elle a moins peur de sa propre voix que de celle des autres.

Elle vient d'acheter pour le soir, une robe jaune. Heureusement, cette année, le décolleté ne laisse pas voir la poitrine. Quelle mode aimable ! Elle en profite, dissimule ses faiblesses et n'outrage la pudeur que de dos.

Sait-elle qu'elle est ridicule ? Alors, il y a bien du courage dans ses efforts.

Quoiqu'elle fasse, sa seconde jeunesse n'est jamais qu'une première vieillesse.

Robert s'intéresse passionnément à la mode féminine. Il lit tous les journaux et publications qui en traitent, et a choisi une amie qui travaille dans une maison de couture.

Il a fait une philosophie de la frivolité, et juge des gens selon qu'ils sont capables ou non de parler des tissus en faveur et des variations de la silhouette. Sa compétence s'étend aux vêtements masculins. Mais en réalité, il y prête moins d'attention qu'aux robes et aux corsages, ce qui le fait passer pour galant.

Encore que les femmes n'aiment guère confier leurs secrets et le patron de leurs costumes qu'à des femmes, quelques-unes ont plaisir à courir avec lui les grands magasins et les couturiers. Il donne des avis, prévoit l'avenir, dessine des croquis, et se souvient fort exactement des modèles. Il peut donner à une « petite couturière » tous les détails d'un « tailleur » qu'il a vu rue de la Paix. Il est précieux comme un chien qui rapporte.

C'est la seule façon qu'il ait d'être aimé des femmes. Car pour les notes, il ne les paie pas.

RENÉE est dans la tradition dite féministe. Elle veut s'abiller en homme. La mode d'aujourd'hui pourtant si masculine, ne la satisfait pas. Elle suppose encore trop d'infériorité.

Renée pourtant ne porte pas le pantalon. Ce serait braver les lois, sans profit. Mais sa robe, grise ou noire, est une redingote prolongée, et ses souliers, à talons plats, sont d'un curé de campagne.

Elle a, d'ailleurs, l'aspect d'un pasteur anglican. Elle exagère même la raideur de sa tenue, pour que nul ne puisse soupçonner qu'elle a de la grâce.

L'habit chez elle, fait le moine. Tous ses propos sont austères. Elle lit les derniers poètes, connaît *Einstein et Freud, mais ne doit, semble-t-il, sa* culture qu'à son veston.

Elle est d'une politesse rare avec les autres femmes, s'incline et s'efface devant elles, leur cède sa place dans les endroits publics, mais avec un sourire ironique, car elle croit ainsi leur donner les marques du mépris dans lequel elle les tient.

On lui prête d'étranges mœurs. Elle est chaste pourtant. Elle est jeune et rêve parfois de se marier, pour trouver un égal, ou peut-être pour user les vêtements de son mari.

Elle se croit la femme future. C'est une future femme, tout simplement.

Une mode a à peine détruit une autre mode, qu'elle est abolie par une plus nouvelle qui cède elle-même à celle qui la suit et qui ne sera pas la dernière : telle est notre légèreté. Pendant toutes ces révolutions, un siècle s'est écoulé, qui a mis toutes ces parures au rang des choses passées et qui ne sont plus. La mode alors la plus curieuse et qui fait plus de plaisir à voir, c'est la plus ancienne.

LA BRUYÈRE.
(Caractères. De la Mode)

UN QUART DE SIÈCLE DE MODE

UN TABLEAU D'ENSEMBLE

1900 — 1925

Et d'abord, résumons en un court tableau les différences essentielles entre la mode féminine de 1900 et celle de 1925. Il permettra de se rendre compte, tout de suite, du bouleversement qui s'est produit dans nos mœurs, en un quart de siècle.

1900	1925
Les cheveux sont bouffants, le chignon se porte au sommet de la chevelure.	Les cheveux sont coupés courts, ou s'ils ne sont pas coupés doivent donner l'illusion de l'être.
Le chapeau est large, à peine enfoncé, chargé de rubans, de fleurs ou de fruits.	Le chapeau est petit. Il s'enfonce jusqu'aux oreilles. Il est à peine orné.
Le col est montant.	Pas de col.
Un corset soutient la poitrine et marque très nettement la taille.	Plus de corset. Plus de poitrine. Plus de taille.

<table>
<tr><td align="center">1900</td><td align="center">1925</td></tr>
<tr><td>La robe est longue. Elle est décorée quelquefois de volants. Elle est souvent à traîne.</td><td>La robe est courte, droite, sans aucune ornementation.</td></tr>
<tr><td>On porte des jupons, des pantalons.</td><td>Le jupon a disparu. La combinaison le remplace qui fait à la fois chemise et pantalon.</td></tr>
<tr><td>Les chaussures sont longues, pointues, à talons hauts.</td><td>Les chaussures sont à talon de demi-hauteur. Les bouts sont fins, mais courts.</td></tr>
</table>

Ce tableau nous donne les transformations principales et radicales. Nous allons maintenant en étudier les détails par époques.

Lisons d'abord une description d'une toilette du soir de 1898 telle qu'elle nous est donnée dans un « journal des modes » *Le Coquet*.

Robe en satin noir avec volants et écharpe de tulle noir pailleté d'acier. Épaulettes en boutons de roses... Sortie de bal : en velours soleil cerise, garnie de chinchilla.

Nous sommes en pleine complication. Nous sortons à peine de la mode minutieuse, où les bouillons et les plissés triomphèrent, ainsi que le strapontin qui est devenu « tournure » et qui subsiste encore.

Il faut avoir fine taille. C'est le temps où il semble que la « taille de guêpe » soit la plus en faveur. Le corset aide à l'obtenir si on ne l'a pas naturellement. Au corsage, les manches sont collantes et bouffent seulement dans le haut, d'où l'expression assez prosaïquement figurée, mais juste, de manche à gigot. Le boléro, qui fit jadis partie du travesti et que le Second Empire, grâce à Mme de Montijo qui devait être Impératrice, adopta quelquefois comme une flatterie Espagnole, apparaît encore assez souvent.

La jupe est en forme de cloche. Si le haut en est relativement nu, le bas est surchargé de volants et de garnitures.

Les corsages ont le col haut, engonçant le cou. Le maintien général de la femme est raide et terriblement apprêté. La fantaisie n'est que discipline. Il y a dans la rigueur de cette mode un ensemble étonnant. Car les journaux de mode pratique pour la famille indiquent aux classes moyennes des modèles tout semblables.

Les chapeaux accompagnent de leurs lourdes fleurs ou de leurs nombreuses plumes, en hauteur, ces exigences vestimentaires qui multiplient à l'infini les variétés de combinaisons d'étoffes, de chenilles, de rubans...

Les manteaux eux-mêmes ont des formes bizarres. Les uns copient les pèlerines des cochers de fiacre, le « Churchill » est composé de trois collets en forme superposés.

La fourrure se soumet aux mêmes caprices, on voit des boléros en bretchwanz et en hermine, car là aussi on adore les mélanges. La pèlerine de chinchilla se porte avec des queues de zibeline...

Et pour garder l'heureux souvenir d'un temps où la vie était peu coûteuse, signalons « qu'une jaquette en peau de soie doublée de taffetas, ornée d'une broderie de soie mate et de ruban comète, avec col revers et parements en taffetas plissé avec ruche en mousseline de soie » valait : 98 francs !

En 1900 la mode est la même, à peu de chose près.
C'est l'année de l'Exposition. Il y a eu dans toutes les
branches de l'Industrie et des Arts un très sérieux
effort. Les hommes ont maints soucis de politique.
N'oublions pas que nous sommes encore en pleine
« Affaire ».

La vie de la femme a sinon plus d'indépendance
que par le passé, du moins une particularité très
nettement établie. C'est l'époque des dernières
grandes courtisanes qui tiennent salon ou bureau
d'esprit, et font autorité en matière de modes.

Les chroniqueurs — dont Jean Lorrain reste,
incontestablement, le plus fameux avec ses *Pall-Mall*
— s'intéressent aux toilettes de ces belles paresseuses
qui n'ont d'autres fonctions que d'embellir la société
qu'elles fréquentent, et de ruiner les coquebins ou les
banquiers qui croient que l'amour ou le luxe de ces
femmes doit faire partie de leur train de maison. La
courtisane tient alors une place d'autant plus grande
qu'elle donne plus d'éclat à ses fonctions.

L'une d'entre elles, et non des moindres, apparaît
aux courses de Longchamp en avril 1900, avec un
chapeau de paille de Manille, bleu turquoise drapé
de tulle bleu, orné d'un nœud de velours noir, sur
quoi viennent fleurir roses roses et violettes de
Parme.

Nous sommes dans les couleurs tendres, nous
sommes aussi en plein petits « choux » que nous
voyons piqués sur le chapeau « petit abbé » en crin

noir, sur la toque Olga assez large mais relevée de côté.

Les modes d'été comme aujourd'hui se lancent à la fin de l'hiver, mais on observe plus rigoureusemeut l'ordre des saisons, Dans les journaux spéciaux du mois de mars 1900 par exemple, il n'est plus question de fourrure. Cette dernière est réservée pour l'automne et l'hiver. Nous avons changé tout cela.

Cette même année, et sous le nom imprévu de *Bilitis* apparaît un précurseur du costume de sport : le manteau à collet pour les femmes qui conduisent leur voiture elle-même. Il est encombrant, touffu, il engonce, et donne un aspect très cocher à la conductrice.

En 1901, nous noterons une première modification de la taille. C'est important, parce que pendant les vingt années précédentes, il paraît qu'on n'avait point oser y toucher.

La taille se marque moins...

Peu de changement à part cela jusqu'à l'aube de 1905. Il faut se rabattre sur les mille détails de la toilette Parisienne pour s'apercevoir d'une évolution très lente.

Le premier vêtement d'auto apparaît en 1902. Il est vaste, il est lourd. On croit au poids de l'étoffe contre le froid.

Le chapeau prend des dimensions considérables pendant ces trois années, et considérable aussi est l'édifice de la chevelure. Le chapeau est relevé sur le sommet de la tête où les cheveux sont ramassés en un gros chignon. Le front s'abrite derrière un gros rouleau. C'est le temps des longues séances chez le coiffeur. Car il faut que la construction soit solide : le chapeau devant être placé sur le sommet de la tête, d'où il se détache, s'envole presque avec des plumes et des fleurs en garniture. Pour maintenir ce « château de cartes » plus encore que pour donner au visage un peu de mystère, la voilette est en faveur...

Mais toutes ces bizarreries ne suffisent point à la femme. Il lui faut des boas de plumes autour du cou. Il lui faut à la main le parapluie ou l'ombrelle, le réticule coulissé, et l'éventail. Il lui faut quand elle est au théâtre des rubans ou des fleurs dans les cheveux.

Elle est embarrassée dans ses gestes et dans ses mouvements. Les manteaux sont en velours épais, les robes sont lourdes, garnies de médaillons en dentelles, ou de tulles à pois qui s'accrochent partout...

Dans une publication de 1900, nous trouvons cette légende :

— Oui, Monsieur, j'ai seize ans depuis avant-hier, aussi vous voyez j'inaugure ma première jupe longue...

C'est à cinquante ans, aujourd'hui, qu'on prononcerait cette phrase-là...

CETTE période a plus de hardiesse. Nous allons voir apparaître les premiers signes des changements essentiels.

En 1905, au Vaudeville, Mme Marthe Régnier fait sensation dans *Petite Peste*, en portant une robe qui laisse apercevoir la chaussure et qui n'a pas de col !

On va donc pouvoir, à la faveur de ces premières libertés, se permettre de ruser avec la mode antérieure. On le fera doucement. Il n'est pas encore question de débarrasser la robe de ses garnitures. Une robe de linon qui ne devrait être que légèreté, s'alourdit de motif d'Irlande, dentelle précieuse certes, mais dont les motifs sont gros et les points serrés. Pourtant on adopte timidement les manches courtes, si on ne supprime pas les bouffants.

On continue l'offensive contre la taille de guêpe. Au début de 1905, apparaissent des redingotes en guipure en relief, qui tombent jusqu'à mi-jupe et qui ont la taille courte, à la fin de 1905 on lance la robe empire, en drap de Parme.

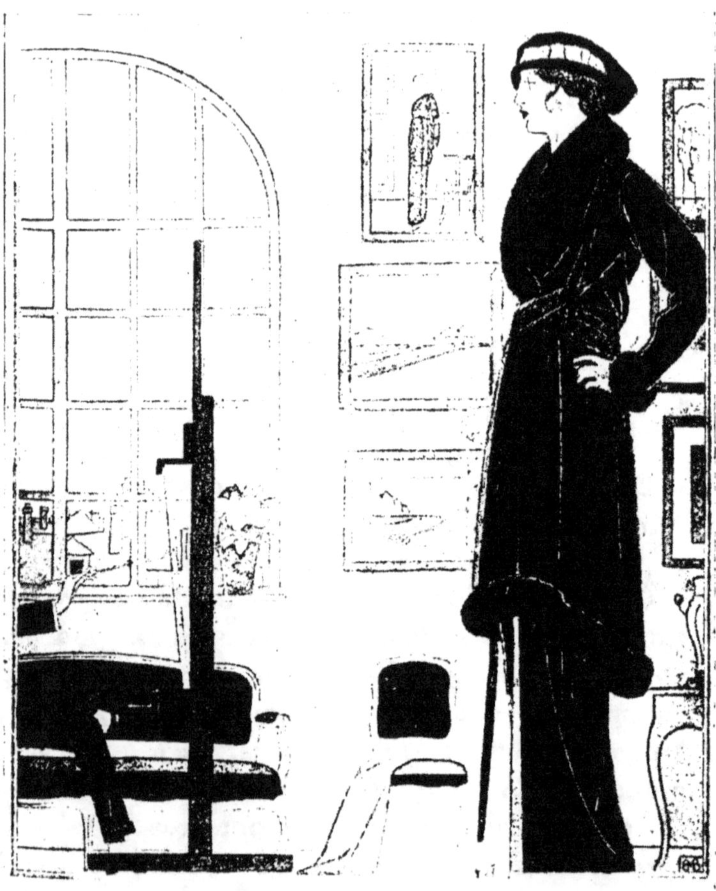

ROBE D'APRÈS-MIDI PAR WORTH.

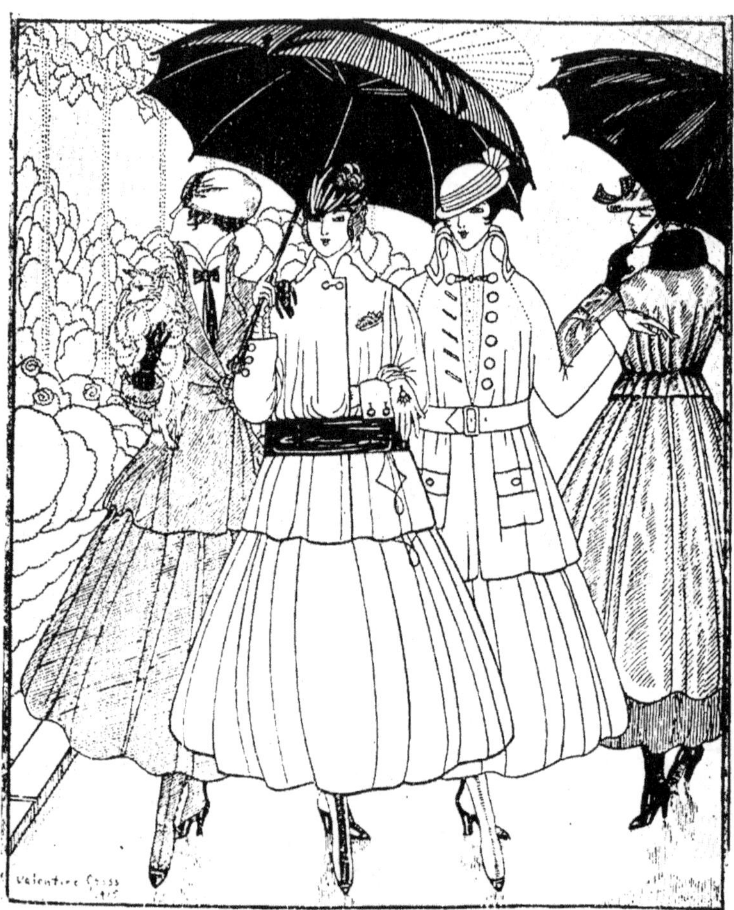

IL PLEUT ENCORE...

Tailleurs de Paquin, Lanvin, Dœuillet. Manteau de Paquin

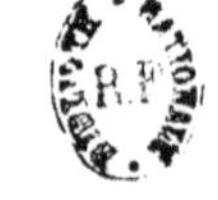

ROBES TAILLEUR.
PL. XVIII.

Dessin de Valentine Gross.
Gazette du Bon Ton, 1915.

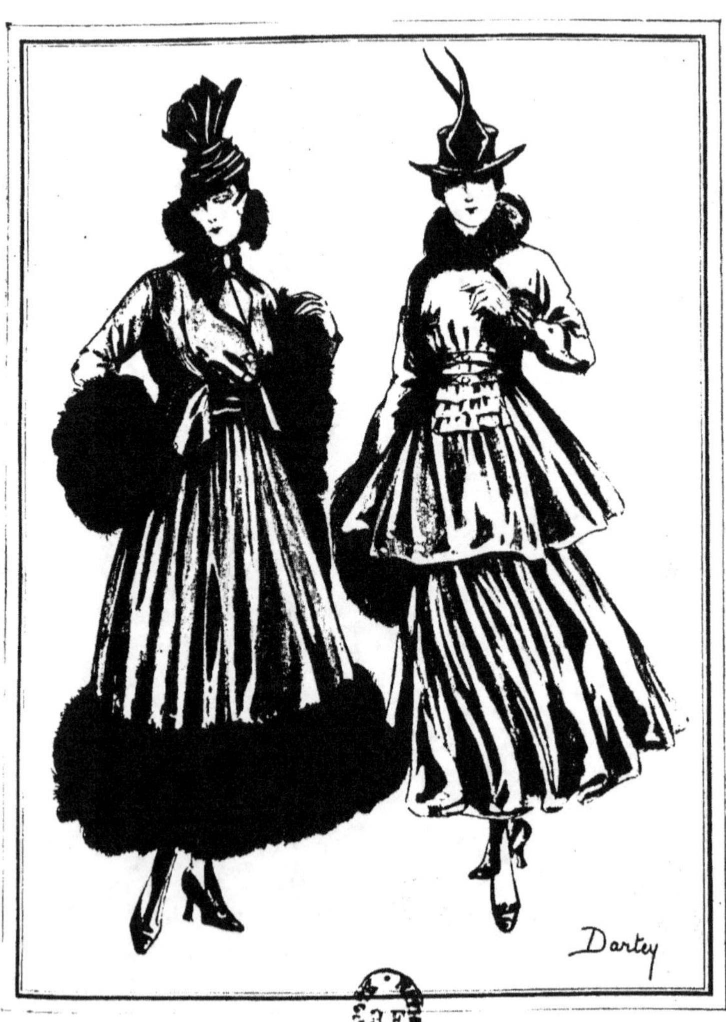

COSTUMES D'APRÈS-MIDI PAR CHERUIT.   Dessin de Dartey.
PL. XIX.   *Le Style Parisien, 1915.*

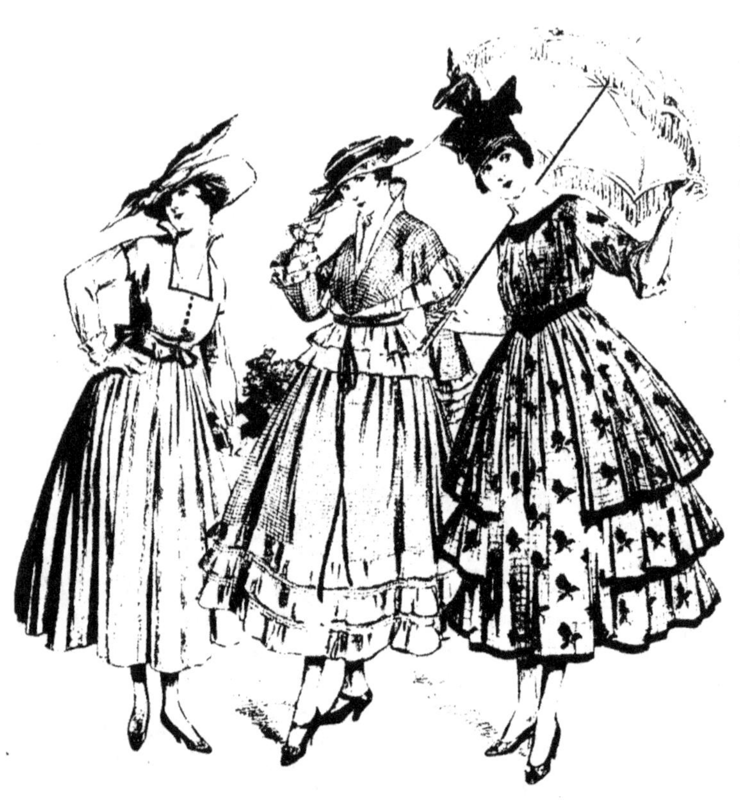

TROIS ROBES LÉGÈRES
Modèles des "ÉLÉGANCES PARISIENNES"
Toiles de Ramos

ROBES LÉGÈRES.

PL. XX.

Élégances Parisiennes, 1916.

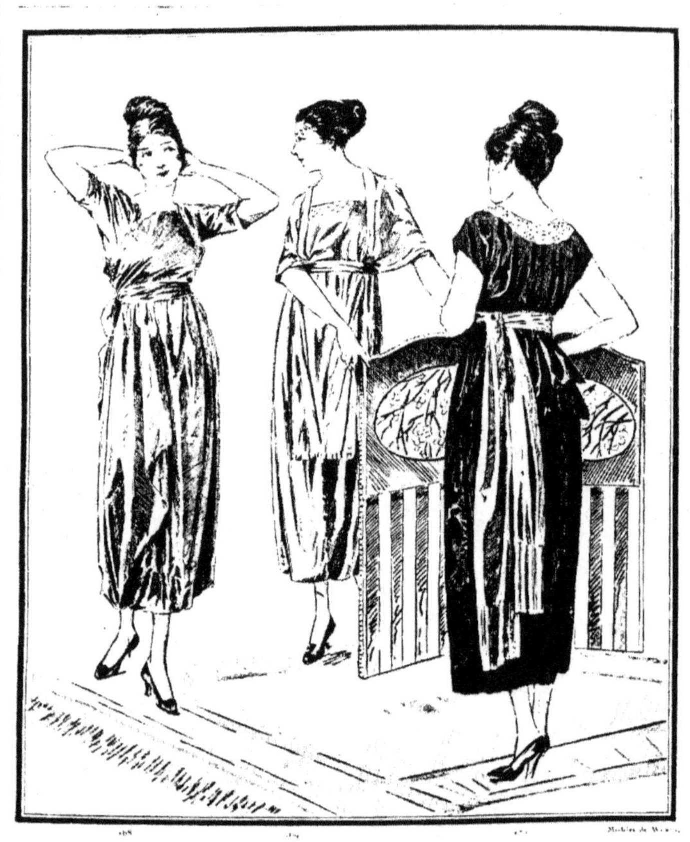

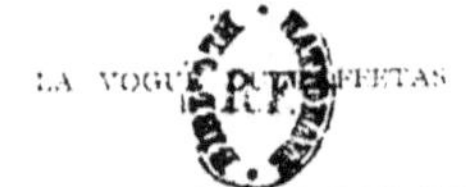

ROBES EN TAFFETAS PAR WORTH.

PL. XXI.   *Elégances Parisiennes*, 1918.

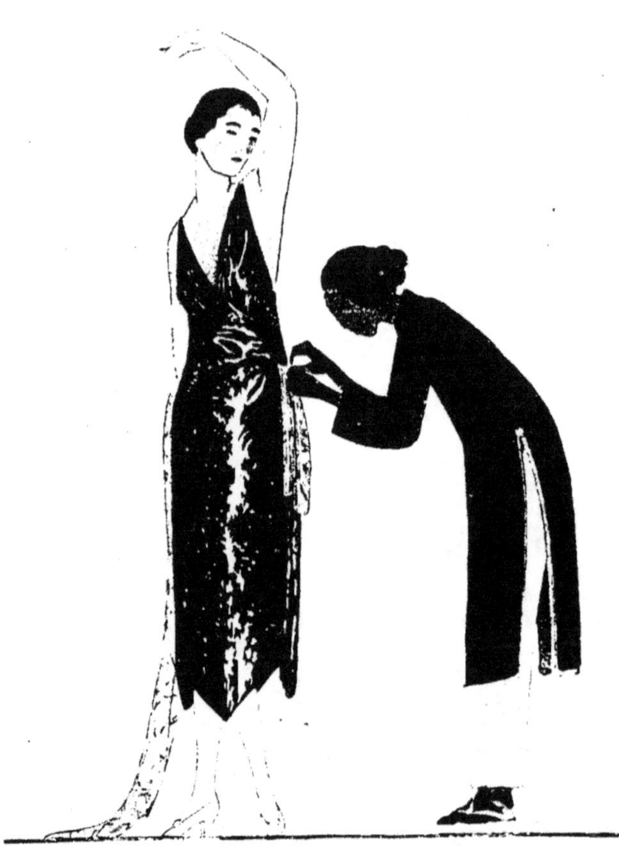

LA SOUBRETTE ANNAMITE

Robe du soir de Dœuillet, garnie de ruban

Dessin de Marty.
Gazette du Bon Ton, 1920.

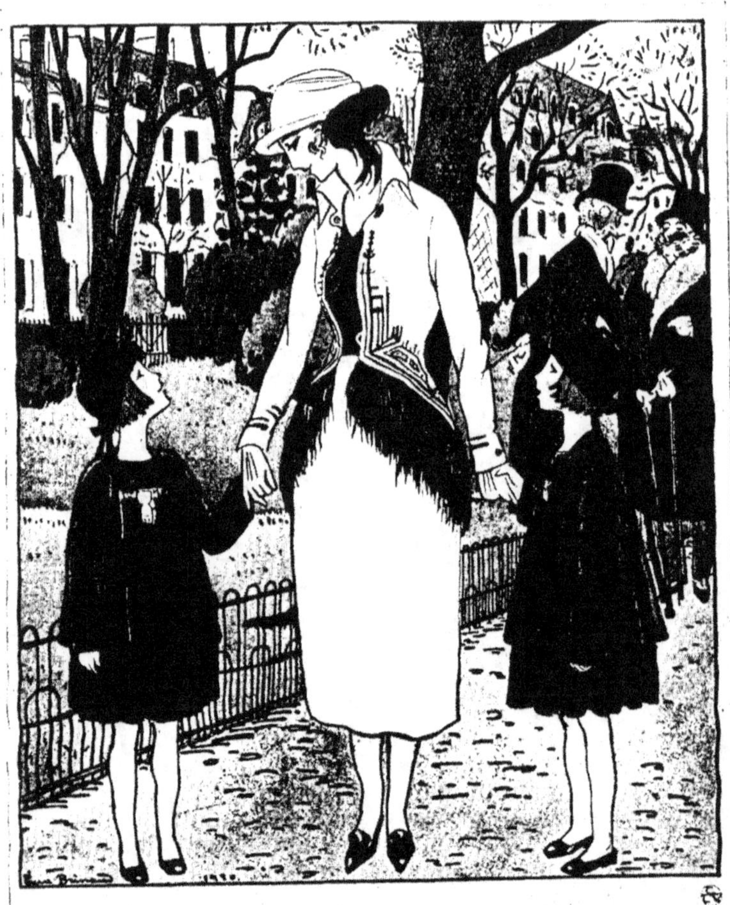

SI ON RENTRAIT GOUTER...
Tailleur et Robes d'enfant, de Jeanne Lanvin

TAILLEUR ET ROBES D'ENFANTS DE JEANNE LANVIN.
Dessin de Pierre Brissaud.

                    Gazette du Bon Ton, 1920.

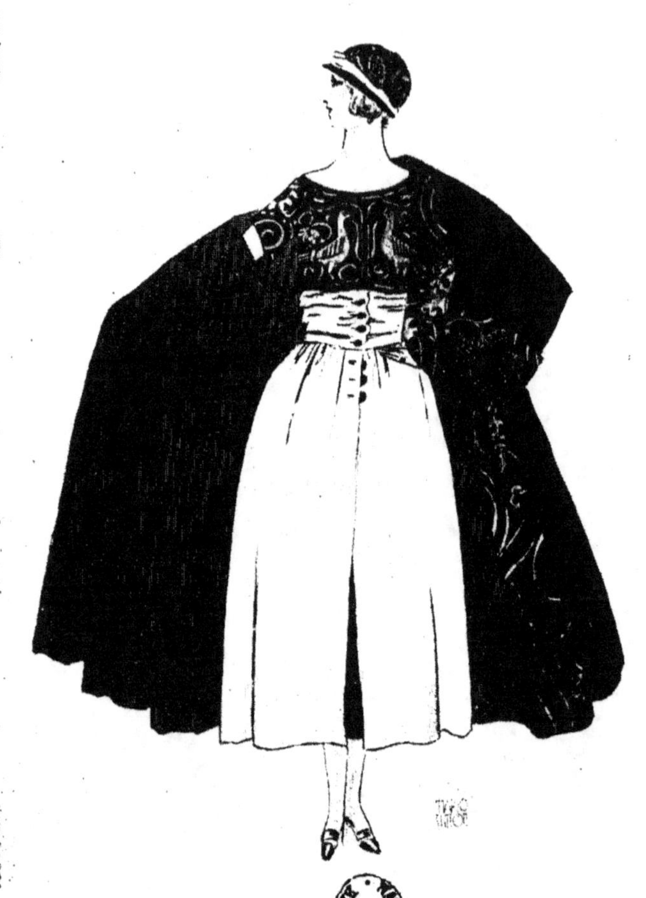
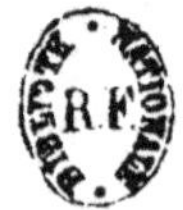

ROBE DE PAUL POIRET.
PL. XXIV.

Dessin de Mario Simon.
Jardin des Modes, 1921.

Mlle Cécile Sorel qui porte alors les créations de Doucet, fait remarquer une robe en velours *souple* bordée de zibeline au corsage et dont les manches *demi-longues,* sont en dentelle d'Alençon. Son chapeau, de chez Caroline Reboux, est très grand et orné d'une aigrette de plumes grises.

Quelques semaines plus tard, on voit Mlle Sorel avec un manteau garni de fourrures et de broderies d'or et d'argent...

Le mouvement de libération du corset est donné. Toutes les robes portées au théâtre en 1906 sont à taille haute, et à cou découvert. Le col disparaît. La raideur des étoffes s'assouplit, la silhouette a toujours les lignes arbitraires du costume, mais on tente d'y dégager celles du corps.

A quoi tient cette transformation encore timide ?

Peut-être à l'automobilisme qui entre dans nos mœurs et dont apparaissent dans les journaux de mode les premiers vêtements qui lui sont vraiment dédiés. On voit non pas des costumes, mais des manteaux d'auto, toujours très vastes, des chapeaux d'auto très larges et que maintiennent d'énormes voiles.

Peut-être à une insensible modification dans les mœurs féminines. On éprouve déjà le besoin d'une émancipation matérielle, intellectuelle, qu'on constate dans le nombre croissant des étudiantes, dans les vocations médicales, dans les entrées au barreau. Il y a toute une agitation féministe sourde qui nous vaudra la femme-avocat et la femme-cochère, la disparition des courtisanes trop coûteuses, encore que les prix de la vie soient assez modestes, l'arrivée d'une génération de jeunes gens sportifs, usant de l'auto, de la moto, de la bicyclette, et préférant le dimanche les grandes routes aux grands bars...

Curieux temps dont nous discernons encore mal les élans, les hésitations et les regrets. Il se résume assez bien pour nous dans ces promenades dominicales que l'on faisait, dès les premiers jours du printemps en famille, et qui nous conduisaient dans les Champs-Élysées à peine verts, à l'heure violette du retour des courses.

Il n'y a pas de plus émouvant souvenir, pour ceux qui ont aujourd'hui trente cinq ans. Ils revoient, en passant dans l'Avenue, toute sonore encore des échos des fêtes de la Victoire, toute accaparée, aujourd'hui, par les magasins des grandes firmes d'autos, cette ruée crépusculaire des équipages piaffants, ce défilé rapide, ralenti par complaisance peut-être par quelques agents inoffensifs, de coupés, de victorias, de fiacres, que pressaient les autos dont on haïssait les fumées, et dont on raillait les formes prétentieuses.

A l'entour du Rond-Point, tout le long des trottoirs jusqu'à la place de l'Étoile, et de l'autre côté dans l'Avenue du Bois, depuis le club des décavés jusqu'à l'avenue Malakoff, la bourgeoisie parisienne admirait à la fois le printemps de sa ville et son aristocratie. Vieux reste, sans doute, des temps où le bon peuple regardait passer les carrosses et s'émerveillait des parures de ses maîtres, mais revue pleine de charme et de repos.

On désignait quelques figures fameuses, on saluait non sans ostentation, quelqu'ami fortuné. On discutait de la beauté des équipages et des chevaux, on appréciait les élégances, et l'on aspirait avec délices une poussière de choix. L'armée du luxe et de la mode roulait devant des milliers de regards qui pour la plupart étaient sans envie. On pensait qu'il était bien, qu'il était juste, que Paris donnât le ton au monde par ces quelques privilégiés qui tous ne devaient pas leur attelage à la spéculation sur les denrées alimentaires.

On, avait tout le loisir de suivre ce spectacle. La nuit et la fraîcheur chassaient les badauds. Avril avait donné à cette foule ses parfums, sa jeune verdure, et les milles grâces de son miracle...

Mais qui se doutait alors que c'étaient les dernières joies d'un siècle à son début, et que le véritable vingtième siècle aurait quatorze ans de retard ?

« Sur le champ de course même, dit une gazette de la mode, les fantaisies les plus diverses se mêlaient. On y a vu des Tanagréennes, des Samothraces, des Directoires, des Merveilleuses, se coudoyant... »

Entendez par là que la taille haute permettait en effet des variétés de combinaisons assez plaisantes. Les robes sont plus souples, ne gainent plus aussi strictement le corps, les manches se sont peu à peu débarrassées de leurs ballons, elles redeviennent longues mais sont plates. L'éventail a disparu petit à petit. En hiver, le manchon règne. En été, l'ombrelle sert toujours.

La coiffure elle aussi, commence de se simplifier. Elle est moins volumineuse et moins haute. Le chapeau reste de grande dimension, pourtant, et toujours surchargé de plumes, de fleurs et même de fruits. *Mais le trotteur pratique pour la marche fait son entrée dans la mode en 1906* et pour les robes de ville d'après-midi on essaye de supprimer la robe à traîne. On lance la « jupe à terre ».

Ainsi en dix ans, après une période d'immobilité de 1900 à 1905, la mode est résolument entrée dans la voie de la simplification, et on laisse soupçonner qu'elle peut être, si besoin est, pratique. On admet qu'une femme puisse marcher à pied. On tolère qu'elle ne balaie plus la poussière des salles ou des rues, que son corps respire et qu'elle soit plus libre dans son allure et ses mouvements.

Il a fallu la Révolution française pour que naissent les Merveilleuses. Il a suffi d'une évolution dans les mœurs pour qu'elles renaissent après plus de cent dix ans d'oubli.

DE 1910 A 1914

Lᴀ mode a pris trop d'élan vers la liberté pour s'arrêter dans sa course. Nous allons, dans une période de quatre années, voir s'accomplir plus de changement que nous n'en vîmes en dix ans. L'influence du sport apparaît dans cet espace de temps, extrêmement nette. Nous la verrons, non seulement dans la simplification des robes mais encore dans celle des chapeaux, non seulement dans les chapeaux mais dans la chaussure, nous la constaterons aussi dans les accessoires de la toilette. Tant et si bien qu'on peut dire qu'à la guerre, l'actuelle simplicité des toilettes, leur sobriété de formes, la ligne droite substituée aux lignes courbes, convexes ou concaves, la silhouette « canne » remplaçant la silhouette « cloche » étaient en puissance dans la mode de 1914.

En 1910, la maison Beer profitant des tendances depuis deux ans manifestées, compose franchement la robe grecque. La taille y est naturellement très haute, et dans certains modèles elle n'est même pas soulignée. Mais la jupe gaîne davantage le bas du corps. La même étroitesse s'aperçoit dans les robes du soir qui restent à traîne, mais pour lesquelles on emploie beaucoup moins d'étoffe.

Le tailleur, devenu très en vogue, ne touche plus terre, le bas de la jupe est à quelques centimètres du sol. Le manteau tailleur, de forme droite et masculine fait alors son entrée dans le monde.

A jupes relativement courtes, chevelure moins travaillée. Le front est maintenant plus dégarni et ne s'orne que de quelques légères boucles postiches dites « chichis ». Le chignon ne couronne plus l'édifice haut construit de la coiffure, il se porte sur la nuque. Et de ce fait, il va permettre au petit chapeau de se glisser tout doucement sur les têtes. En 1911 on le signale. Il n'a pas la netteté de formes de celui que nous connaissons à présent ; ils sont de satin ou de velours noir. On les appelle des « chapeaux cloches ». Leur garniture est abondante : soit de coques de rubans, soit de glycines, soit de roses.

Si le chapeau se rétrécit, c'est que la robe, qui le commande, si l'on peut dire, perd de son envergure. En effet Poiret qui fait de retentissants débuts, donne en 1911 sa « toilette de visite » *Convoitise* qui comporte une robe gaînante, une jupe longue presque droite, un corsage à manches collantes.

Les robes d'après-midi en général, ne sont plus longues pourtant. Déjà elles laissent complétement la chaussure à découvert. Un ensemble de Driant, alors notre dessinateur de modes le plus en vogue, précise les intentions. Robe rose *sans surcharge d'ornements,* taille courte, jupe enveloppante et ouverte laissant apercevoir le bas de la jambe. Le manteau qui accompagne le costume est noir, long et souple. Le chapeau bien que grand encore n'a pour toute garniture qu'une plume...

Sans surcharge d'ornement : 1911. La chose est d'importance. Plus de volants, plus de chenille, plus de dentelles inutiles.

Et que trouvons-nous dans le même temps dans ces mêmes journaux de modes ? *Costume tailleur pour les montagnes,* avec ces considérations : « C'est le plus seyant et le plus sain des costumes pour gravir les rochers, les glaciers, les pentes de neige. Voilà un costume à la fois pratique et charmant. Il est très chaud et la neige ne peut ni le traverser ni se loger à sa surface. » Ce costume a la jupe courte à plis et laisse voir la bottine lacée.

Car le premier mouvement de pudeur de la femme quand la jupe découvre ses jambes est de les recouvrir, pourrait-on dire, par la chaussure. On a vu que le second mouvement était moins soucieux des convenances.

A côté du costume de montagne pour l'été, (car les sports d'hiver étaient encore dans l'enfance), on voit les costumes de cavalières pour les chasses d'Écosse, pour les grandes chasses d'Afrique, pour le yachting.

Pour l'auto on en est toujours au manteau, mais au manteau adapté en quelque sorte à son usage, il est de gabardine doublé de cuir.

Mais en 1912, pour l'auto précisément, nous verrons apparaître les petits chapeaux bonnets « très entrant » proches parents de ceux qui sont aujourd'hui de modèle courant. Le voile subsiste ; il s'enroule autour de la forme mais pour qu'il ne flotte plus au vent, il passe par des barettes de paille. Comme le goût de l'ornement n'est pas complétement perdu, on met un bouquet de cerises sur le côté.

Si l'on ajoute à ces modifications celles des chaussures qui en 1912 donnent la faveur aux souliers qui se portent bas avec des pattes et des boucles quelquefois même simplement avec la barette, on pourrait croire que la mode atteint dès cette année-là, les limites que nous lui avons connues deux ans plus tard, quand éclata la guerre.

Mais ce serait demander trop de logique. On ne peut oublier la nécessité pour les couturiers d'offrir à leur clientèle, à chaque saison, quelque surprise, les caprices mêmes des femmes, les influences extérieures ; celle des Ballets Russes devaient agir dès 1910, et obliger les dessinateurs Iribe, Martin à rechercher des lignes nouvelles. Elles sont toujours indépendantes du corps féminin.

Voici qu'en 1911 et 1912 surgissent les drapés, et les étoffes peintes ou imprimées. Robes de mousseline couleur souffre avec le bas de la jupe ourlé d'une haute bande de mousseline noire imprimée de gros chrysanthèmes ; robes de mousseline bleu faïence peinte d'iris blancs avec la tunique légèrement drapée sur le côté, témoignent de cette brusque évolution.

Plus de cols, toujours. La robe reste longue, mais la manche est courte.

Les couleurs tendres reculent. Les chapeaux de Martin en 1912 nous apportent des tons vifs. Il y a une certaine toque grise avec des plumes sortant d'un tissu en flammes rouges, et un chapeau bleu dont les plumes forment un perroquet rouge, qui allument l'incendie qui n'est pas prêt de s'éteindre. Dans les accessoires même fantaisie qui nous vient des Russes. Il y a des ombrelles en voile persan. Retenons cette première note d'exotisme. On s'avise de changer la forme même des ombrelles, selon les variétés japonaises ; il y en a qui sont carrées et bordées de longs effilés ; exotisme encore. Beaucoup de voilettes, mais très brodées, dissimulant tout à fait le visage...

Sans doute, cette offensive du drapé établit-elle une démarcation très nette entre la robe du soir et les autres. Et comme on voit déjà, dès 1913, les *tailleurs du matin,* on est porté à croire que les couturiers n'ont voulu cette mode que pour multiplier les modèles adaptés aux différentes occupations de la journée. S'il faut un tailleur du matin, il en faut un pour l'après-midi, à l'heure des courses. La robe d'après-midi, proprement dite ne saurait avoir ce laisser-aller du tailleur, ni la robe du soir, la modestie de celle qu'on met pour le thé. On devine la malice... Elle a, de nos jours, force de loi.

Ne faut-il pas même des robes pour la danse ! Nous sommes, selon l'expression d'un chroniqueur, à l'époque tango.

Et ce mot seul ne nous évoque-t-il point toute l'atmosphère des premiers mois de 1914 ? L'observateur eut peut-être vu, s'il avait eu la cruauté d'être sagace dans une époque si douce à vivre, les signes précurseurs d'une catastrophe, dans la mollesse de ces pas argentins, dans ces langoureuses mélodies, ou même dans les maxixes du Brésil aux brusques sursauts ? Eut-il douté de notre innocente frivolité quand nous donnions tant de soins à la danse, aux plaisirs de la terre, quand nous levions les yeux au ciel pour voir les avions, comme si nous contemplions un oiseau de plus ? Eut-il pensé que nous aurions tant à souffrir, quand il considérait que les femmes discutaient des jupes entravées, et se vouaient aux pas japonais pour satisfaire on ne sait quel puéril désir.

Tango, coiffures basses, jupes entravées : toute la mode de ce printemps 1914 qui nous annonçait tant d'angoisses ?

On laisse aux robes du soir drapées, des larges ouvertures qui permettent à la fois de danser et de montrer les jambes. Par contre à la ville, la jupe est étroitement serrée, les femmes risquent de tomber à chaque pas. On se plaint pourtant de ne pouvoir traverser les rues, tant la circulation est intense. Les chapeaux se rapetissent de plus en plus. Mais par contre, les dessinateurs apportant le goût de la délicatesse des artistes du temps de Louis XVI, nous apercevons çà et là des fantaisies de cette époque, veille de tragédies, elle aussi. Les perruques de couleur, les cheveux poudrés nous ramènent à plus d'un siècle en arrière...

Enfin les blouses paraissent qui jusqu'alors étaient des corsages assez vulgaires, et qui, tout à coup, faites d'étoffes légères et joliment brodées, deviennent charmantes et ont toute la grâce d'un vêtement de prix. On peut à la belle saison, sortir en « blouse ».

Si l'on veut bien considérer que quelques réactions trop vives ont pu gêner la course à la liberté de la mode, si l'on veut bien ne pas prendre comme un symbole l'entrave finale de la jupe, on constatera que dans ces quatre années la femme a conquis : la jupe droite, le petit chapeau, le tailleur masculinisé, le manteau droit, le soulier, la blouse, toutes choses qui n'ont que modifié sa silhouette, mais qui lui permettront demain — c'est-à-dire après guerre — son coup d'état.

Ses conquêtes ont été plus sournoises que lentes, comme celles du sport d'ailleurs, et comme celles qu'elle fit dès 1915 dans la vie civile. On s'aperçut quand on fit appel à ses efforts qu'elle était toute prête à les donner. On s'émerveilla qu'aux champs comme à la ville elle put remplacer avec facilité les hommes mobilisés ou disparus.

Ainsi dans son domaine propre, la Mode, elle témoigna quand vint le règne des sports, de la mécanique et du pratique, qu'elle pouvait se soumettre, sans difficulté, à cette triple tyrannie, et qu'elle adopterait, en s'y adaptant, les lois du nouveau régime, avec cette aisance qu'elle montre toujours quand elle veut plaire.

DE 1914 A 1925

Eᴛ puis ce fut la guerre et l'arrêt brutal des modes. L'ironie n'aurait pas sa place ici, car il faut le dire à leur honneur, dans les premiers temps du conflit, les femmes ne pensèrent point à leurs toilettes. Nous n'avons pas à énumérer les tâches qu'elles accomplirent. Elles oublièrent leurs instincts de coquetterie pour ne se souvenir que de ceux que la maternité apporte avec elle. Plus de journaux spéciaux, plus de guides officiels du goût. Les maisons de couture étaient ou fermées ou abandonnées... La ruée allemande sur Paris avait vidé toutes les demeures ou conservatoires d'élégances...

La stabilisation du front, à partir de 1915, les permissions accordées, l'apparente sécurité dont on jouissait dans Paris, amenèrent « cette installation » dans la guerre qu'on a si souvent blâmée, mais qui fut la conséquence logique des événements et le témoignage de l'étonnante faculté d'adaptation des êtres aux conditions de l'existence.

Nous assistâmes non pas à une résurrection, mais à un lent réveil. Les uns après les autres les visages des maisons ouvraient leurs yeux. On se rendit compte que la mort véritable d'un peuple était moins sur le champ de bataille que dans l'arrêt de la vie civile. Il fallait pour qu'elle vécût que la France travaillât, que les industries qui lui fournissaient un sang abondant et régulier reprissent leurs efforts.

Et dans leur royaume particulier, les femmes comprirent qu'elles devaient à ceux qui revenaient des tranchées, un accueil grave, mais non funèbre. Il était, il sera aisé aux censeurs rigoureux de dresser le réquisitoire des plaisirs de l'arrière. Il est facile de se faire les contempteurs d'une époque dont les innombrables deuils couvrent d'un voile les plus petites joies. La frivolité féminine, le souci vite repris de plaire, les dancings, les théâtres, que de reproches accablent ces civiles qui « tenaient ».

Reproches injustes, d'abord parce qu'on ne sait jamais quelles douleurs sincères cachent les aimables sourires, ensuite parce que les femmes de toutes conditions ont contribué par les moyens les plus divers à maintenir, au milieu des découragements, l'existence familiale, le goût de la cité, les attraits de la vie si nécessaires au courage de ceux qui combattaient. Elles ont tenu leur rôle, non sans mérite.

Ce n'est pourtant pas à la période qui comprend

quatre années de guerre, que nous demanderons, sur la mode proprement dite, les renseignements dont nous avons besoin pour étudier son évolution.

Mais elle fournit nombre d'indications précieuses. Car les femmes ont, à ce moment, été maîtresses de cette mode, elles l'ont plus ou moins consciemment dirigée, dans l'indépendance des couturiers, jusqu'en 1917. Elles ont pu, tout à leur aise, se libérer complétement des fantaisies dont on faisait des règles, elles ont pu apprécier les avantages de n'être soumises à rien qu'à leurs besoins personnels, de se vêtir selon les nécessités quotidiennes. L'ouvrière d'usine a jugé que le sarraut était plus commode pour elle que tout autre vêtement. La commerçante qui remplaçait son mari a jugé que l'entrave de sa robe était à la fois gênante et ridicule. La femme du monde ou la bourgeoise ont constaté combien le vêtement masculin était commode, combien la jupe courte offrait plus de facilité pour la marche que la jupe longue. Toutes se sont aperçues que les ornements et les garnitures alourdissaient inutilement leur toilette, recueillaient la poussière, s'accrochaient aux aspérités des murs et des meubles. Il y a eu du renoncement volontaire dans cette sobriété, c'est incontestable. Il eut été mal séant quand tant de femmes portaient le deuil, d'insulter à leur tristesse par des falbalas et des colifichets. Il y a eu des raisons d'économie dans le succès de la jupe courte. On rationnait le pain et les étoffes.

Mais il y a eu surtout et partout le sentiment que cette mode qui n'en était pas une à ses débuts, était facile à porter et pratique.

Elle apportait avec elle tant d'avantages que les couturiers quand ils reprirent contact avec leur clientèle ne purent se permettre de la combattre. Ce n'est pas qu'ils n'en discernèrent point les périls. Les tentatives qu'ils firent à plusieurs reprises, dans la suite, pour ramener en faveur la jupe longue ou la jupe à paniers, prouvent bien qu'ils essayèrent de reprendre leur ancien prestige, mais leur défaite prouve aussi que les femmes n'ont pas voulu, pour ces temps, abandonner leurs conquêtes.

Aux premières répétitions générales de quelqu'importance en 1918, répétitions qui avaient lieu l'après-midi, on voyait des femmes qui « usaient » leur robe d'avant-guerre, et dont la toilette pour cette réunion théâtrale était en désaccord avec celle qu'elles eussent portée à la ville, ordinairement. On saisissait là le divorce créé par trois années de liberté totale, entre le couturier et la cliente.

Où était alors ce luxe dont on a tant parlé pour le flétrir ? Dans les bas de soie, conséquences de la jupe courte. C'est pendant la guerre qu'ils sont nés, et il ne paraît pas qu'ils doivent disparaître de sitôt. Leur usage se généralisa avec rapidité. On fit grief aux ouvrières des usines de ce luxueux accessoire de la toilette. Pourtant il était indispensable, semblait-il, à qui voulait témoigner de quelque recherche

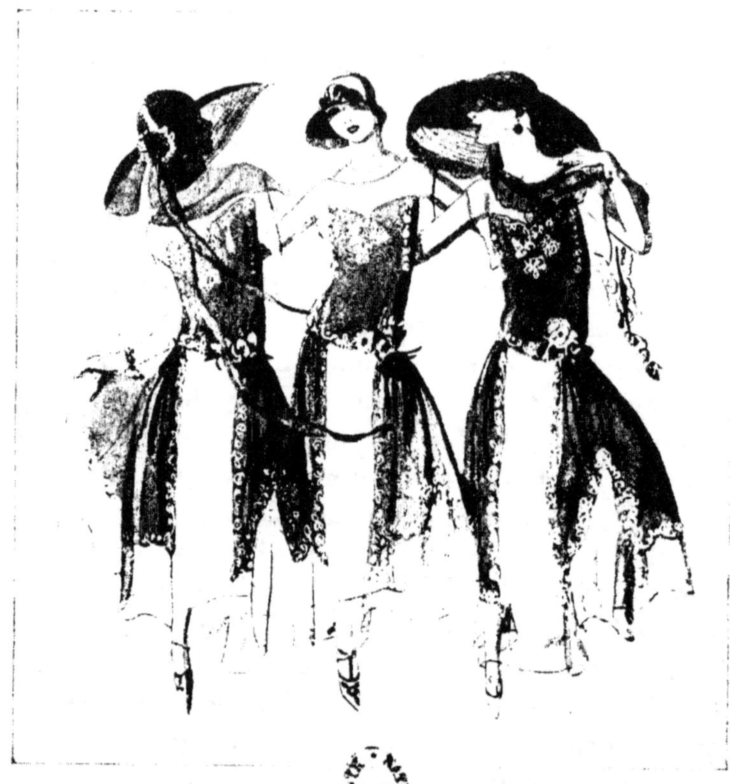

ROBES DE VOILE DE LANVIN.
PL. XXV.

Dessin d'Helen Smith.
Jardin des Modes, 1923.

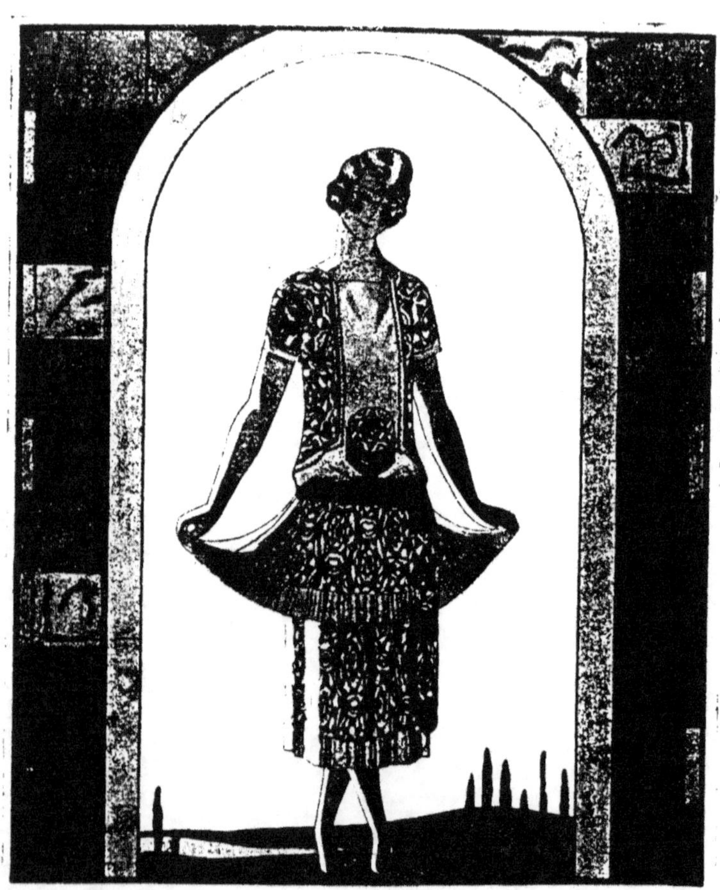

ME VOICI !

ROBE DE WORTH

ROBE DE WORTH.
PL. XXVI.

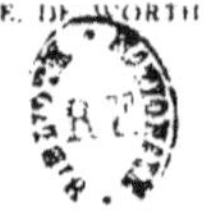

Dessin de Georges Barbier.
Gazette du Bon Ton, 1924.

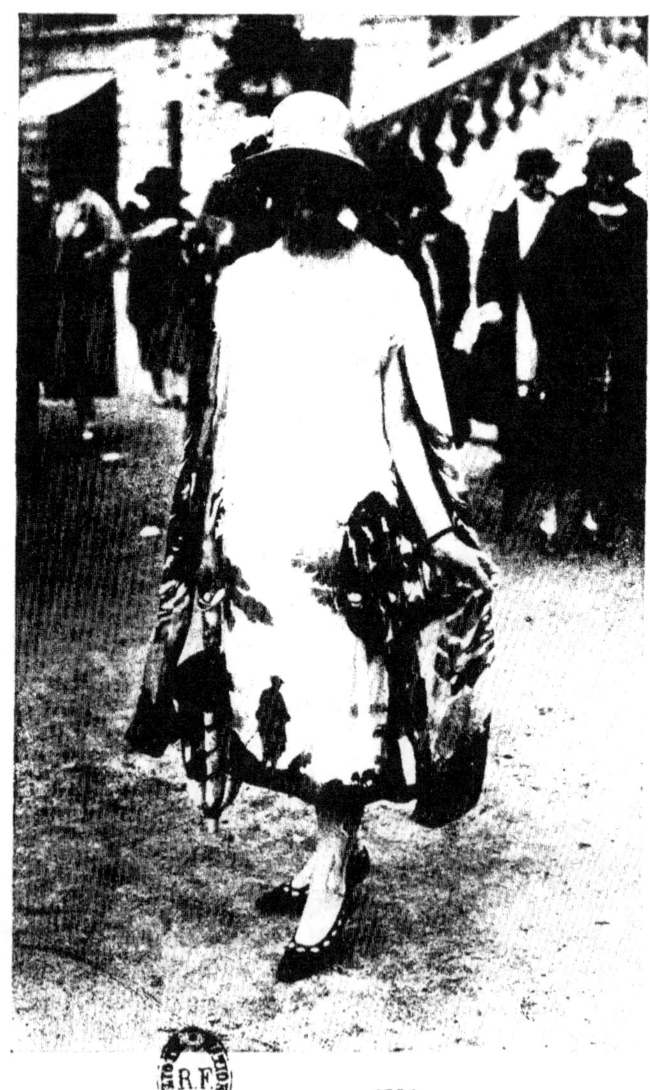

ROBE PEINTE, 1924.

PL. XXVII.   Photo Branger.

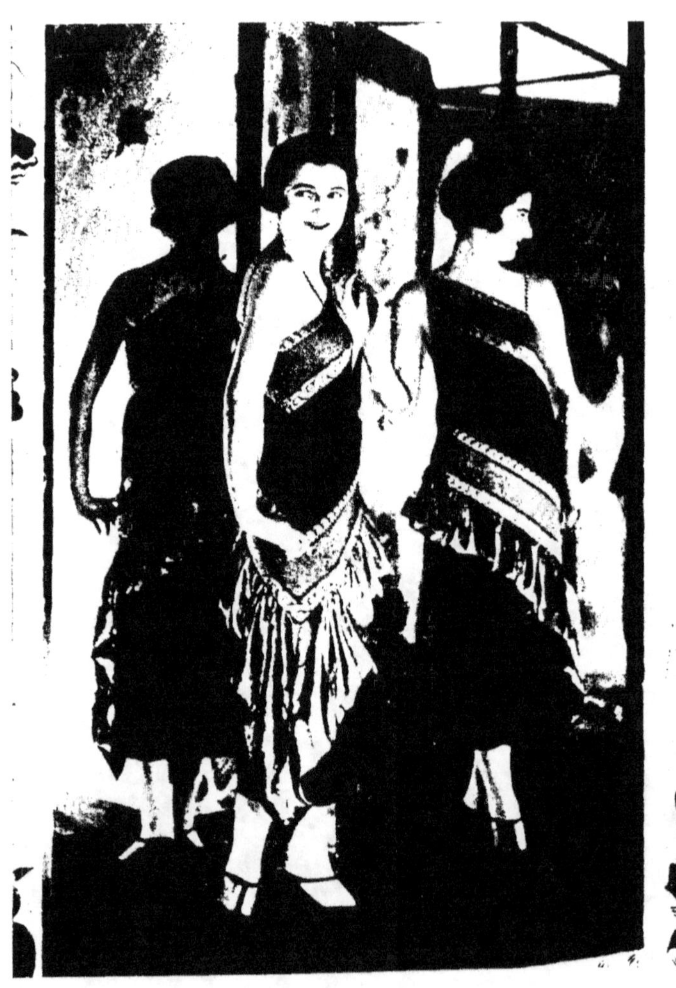

ROBE DE SOIRÉE PAR PAUL POIRET, 1925.

PL. XXVIII.   Photo Lipnitzki.

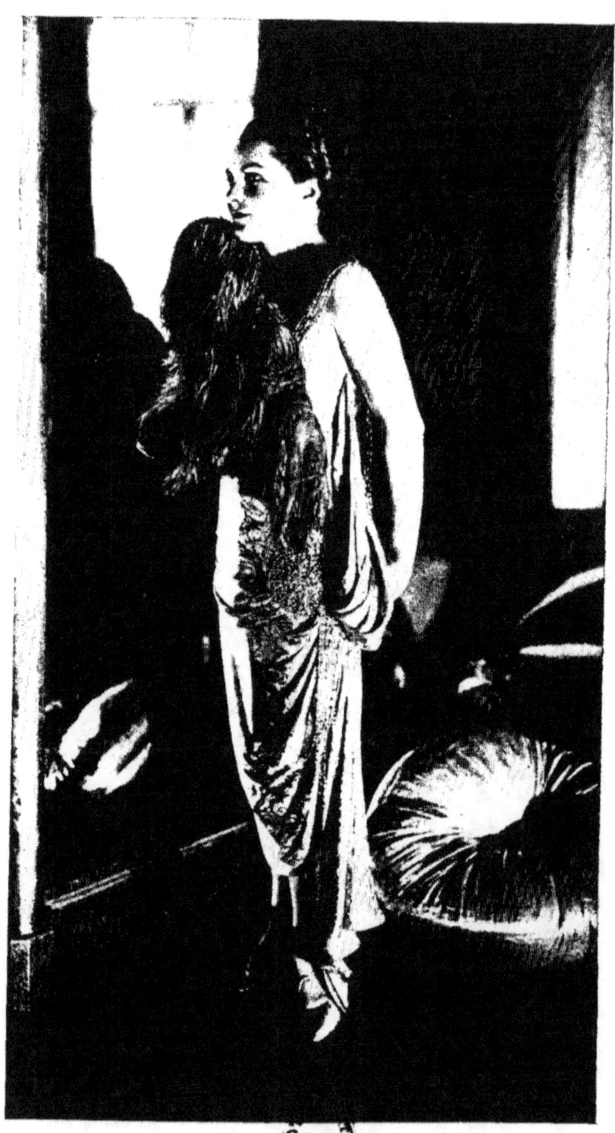

ROBE DE SOIRÉE PAR PAUL POIRET, 1925.

                    Photo Lipnitzki.

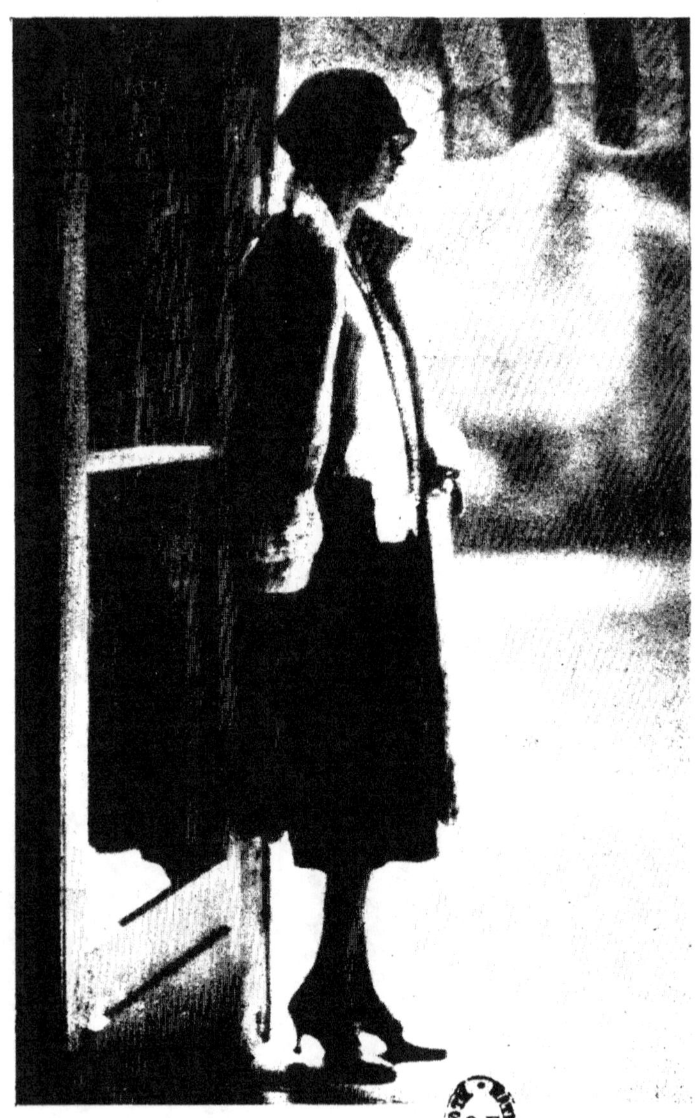

ROBE D'APRÈS-MIDI PAR JEAN PATOU 1925.

PL. XXX.   Photo de Mme Albin Guillot.

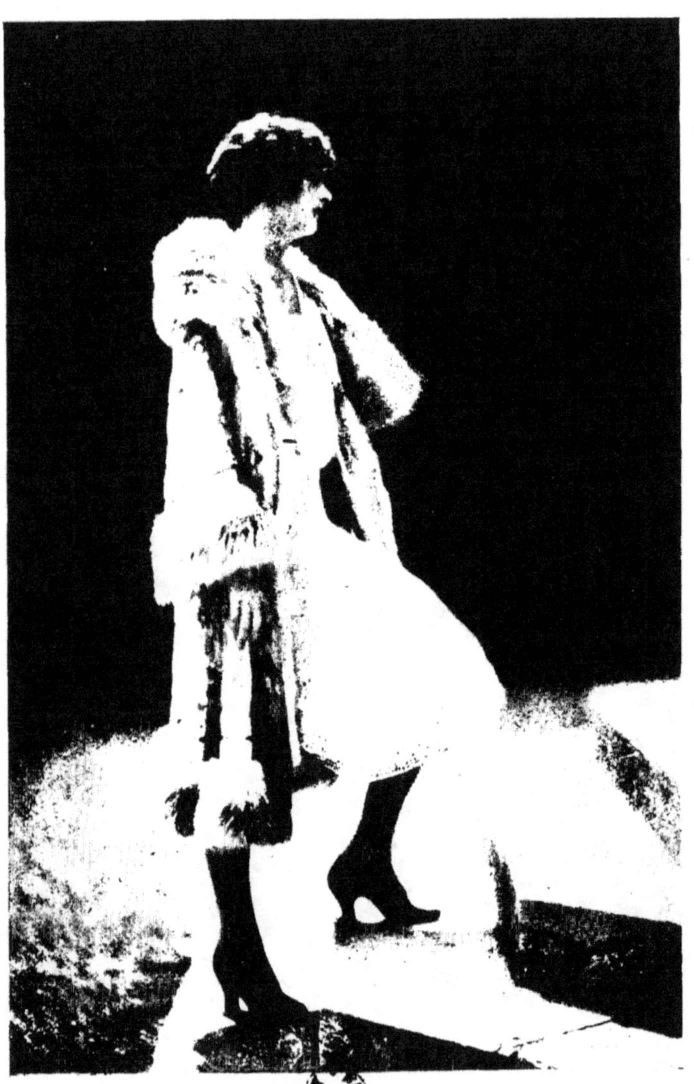

ROBE ET MANTEAU PAR JEAN PATOU, 1925.

PL. XXXI.   Photo de Mme Albin Guillot.

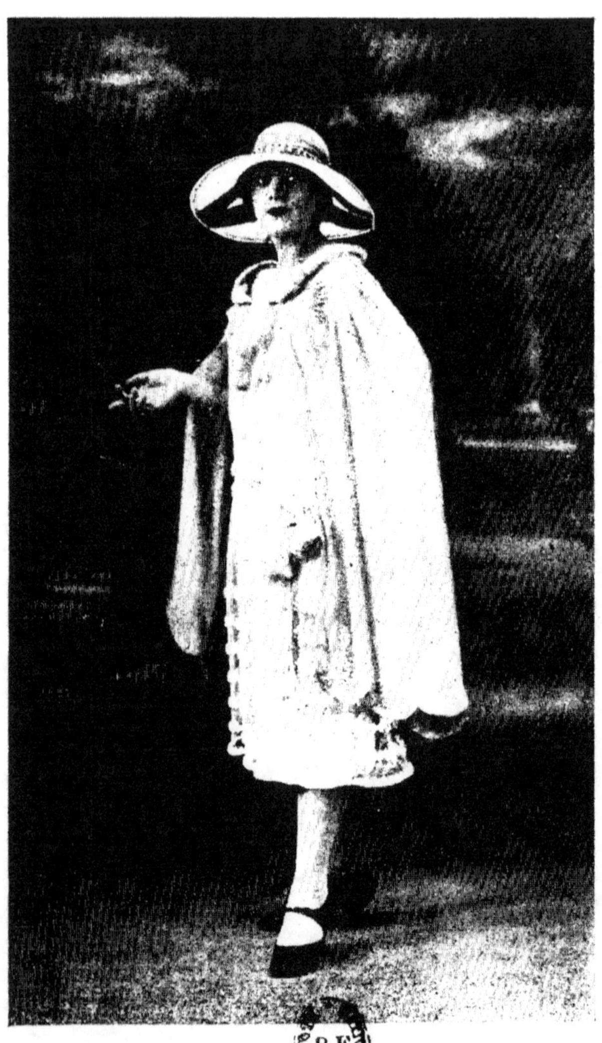

ROBE DE JEUNE FILLE PAR LÉA MOUTON, 1925.

PL. XXXII.   Photo Henri Manuel.

dans son habillement, et il était vraiment d'une grande innocence !

Le luxe, il était encore dans la chaussure, conséquence du bas de soie. La bottine ne se fait plus, c'est le soulier qui l'emporte partout. Il dégage tout à fait la jambe, laisse même voir, en certains cas, le pied presque tout entier. Dès l'instant qu'on interdit le décolleté d'en haut, il est normal qu'on accentue celui du bas, si l'on ose dire...

Mais on aurait donné sur le goût féminin en général, pendant la guerre, et ses libres créations, une idée fort incomplète, si l'on n'évoquait l'atmosphère créée par l'arrivée successive sur notre sol de tous les soldats du monde. Il semble d'abord paradoxal que les armées aient pu avoir sur la mode future une influence quelconque. Elle nous paraît pourtant assez semblable à celle que les Croisades eurent sur le développement artistique de notre civilation à partir du XIIe siècle.

Comment en effet eût-il été possible que des hommes venus des quatre points cardinaux n'apportassent pas avec eux l'atmosphère même de leur pays ? Comment les artistes, les couturiers, les femmes elles-mêmes, eussent-ils pu être insensibles aux couleurs, aux étoffes qu'une armée des Indes portait avec elle, traînant derrière ses Gourkhas, ses lanciers du Bengale et ses rajahs, toutes les fééries des Milles et une Nuits ? Russes, Serbes, Roumains, Polonais, Tchéco-Slovaques, apportaient, au passage avec eux, non plus les raffinements de leur art, qui nous avait surpris au temps des ballets russes, mais la vigueur de leurs costumes populaires, les coloris vifs des fêtes paysannes. Et nos colonies, à beaucoup révélées alors, nous éblouirent soit de leurs arts primitifs, soit au contraire, des étoffes que chacun de ceux qui venaient combattre chez nous apportait dans ses bagages.

Extraordinaire illumination de notre ciel ! La mode avait découvert le monde ! Elle ne s'appropriait plus comme elle le fit tant de fois, depuis toujours, quelques particularités des toilettes ou des décors de Chine, de Perse, ou d'Arabie. Elle recevait, tout à la fois, les émotions de l'univers, et demeurait recueillie devant tant de richesses.

C'était donc vrai que le Maroc avait des tissus somptueux et décorés par des maîtres qui n'étaient peut-être que des élèves ! La Tunisie, l'Indo-Chine, notre vaste empire colonial, donnaient leur contribution de sang à la métropole, qui dans le même temps qu'elle remerciait ses fils lointains rendait hommage à ses merveilleux trésors.

Mais là encore, par le fait même que les femmes avaient imposé la mode pratique, nous ne verrons pas la copie des costumes orientaux ou extrêmes-orientaux, mais l'adaptation des tissus à la mode souveraine. Les couturiers ont en vain voulu lancer la jupe culotte des femmes turques.

La femme voulait être vêtue selon la ligne de son

corps et non pas selon la ligne fantaisiste d'un modèle arbitraire.

En 1917, poussant la simplicité jusqu'à la rigueur extrême, la femme portait des robes chemises qui semblaient directement inspirées par les blouses des infirmières ou des ouvrières. Elle était bien loin de tout orientalisme vestimentaire.

Quand la victoire est assurée, que sonnent les cloches de l'armistice, quelle tenue est en faveur ? La robe courte, large ; les manches sont courtes, les robes sont droites.

Le chapeau est petit. On va du feutre masculin au canotier de velours de laine, encerclé d'un ruban brodé ; comme accessoires de la toilette, notons la montre bracelet.

Les premières robes du soir de cette année-là sont en général de satin souple. Elles sont courtes ou plus exactement demi-longues.

Lisons quelques-uns des noms donnés par les couturiers à leurs créations. Ils sont assez caractéristiques d'un style direct qui répudie tout symbolisme ; *Pour lui, Hésitation, Irais-je ? Assurance.* En 1919, nous trouvons : *Comprendra-t-il ? Enfin prête, Au gré du vent, Simplicité du matin.* Nous sommes loin des *Iris* ou des *Chrysanthèmes* de 1905.

Et constatons aussi l'introduction dans le vocabulaire spécial, de ces noms d'étoffes, sonores et poétiques comme des noms d'îles parfumées : Robe de *Djersador*, robe en *Djersacacha* vert nil. Dès cette époque également nous voyons la broderie roumaine comme garniture d'un manteau de velours noir.

1919 marque encore deux conquêtes féminines nouvelles : les cheveux courts ! et le pyjama !

Car la toilette nocturne, restée jusqu'alors traditionnelle avec la chemise, change avec les transformations de la chevelure. Le pyjama est d'usage pour la nuit d'abord, puis, peu à peu, deviendra vêtement d'intérieur. Faut-il dire que le tailleur masculin triomphe tout à fait ? Cela va de soi. Le corset est au magasin des accessoires et remplacé par une souple gaine de tricot de soie ou de caoutchouc.

Le couturier a d'abord tenté de résister, nous l'avons vu, à cet ensemble de réformes. Il a protesté de son mieux contre le coup d'état, prodiguant les manteaux à broderies, les jupes serrées pour les robes du soir. Dans les accessoires de la mode, même contre-offensive. On veut imposer de nouveau l'éventail, on veut pour le soir, faire revenir les cothurnes.

Mais non, les femmes opposent à toutes ces fantaisies, coûteuses d'ailleurs et souvent gênantes, leur volonté de rester à leur aise.

Et en 1920, nous constatons que dessinateurs, peintres et couturiers en ayant pris leur parti, réunissent leurs efforts pour reconquérir leur pouvoir, reconstituer une mode en codifiant les coutumes nouvelles. Ainsi un gouvernement débordé par le peuple s'adapte aux vœux populaires, mais avec quelqu'arrière-pensée !

Le détail exotique est en faveur ? Nous allons-vous donner, Mesdames, le madras jaune d'Honololu, qui vous mettra d'accord au dancing avec les plaintives et nostalgiques guitares hawaïennes.

Vous aurez des robes en voile de Ceylan, vous porterez *Tanger ou les charmes de l'exil,* ensemble de cape et de robe de Poiret, ou les *Beaux jours de Fez,* évocatrice des Fathmas, vous couvrirez votre corps de *Djersador d'Hispahal,* qui est un jersey imprimé, de *Kashavella,* de *Flancolaine,* de *Paplista crênelée,* de *Dinlissa,* vous ornerez vos robes de broderies des Carpathes !

Vous rêvez de simplicité ? Nous chercherons dans les modes villageoises et dans les costumes régionaux l'inspiration champêtre !

Vous êtes — hélas ! habituées au noir, et il vous semble qu'il soit nécessaire de prolonger, non sans quelqu'hypocrisie, le deuil même dans vos fêtes. Vous aurez toutes les variétés de tissus noirs qu'il vous plaira.

Nous sommes en effet à la grande époque du noir et blanc, (il y a un bal noir et blanc en 1921) contre lesquels ont lutté les couturiers avec un acharnement qui n'a eu de résultats qu'à la fin de 1923.

De 1921 à 1923, nous assisterons uniquement aux phases de la lutte du costume de style, contre la robe de style moderne.

Nous verrons tour à tour l'attaque des paniers Louis XV en 1921, qui semble réussir au théâtre, mais qui n'étend pas ses positions au-delà de la scène. Nous verrons la même année l'attaque de la robe Renaissance, en 1922 et jusqu'en 1923, les attaques violentes des modes du Second Empire dans les robes du soir en particulier. On veut ressusciter le chignon bas, on risque des « tournures » qui prennent le nom « ronflonflons ». On ne se décourage pas pour un échec, on lance en avant le chapeau à la Vénitienne, on prend prétexte d'une fête à l'Opéra pour ressusciter les grâces de Guardi.

Mais rien ne dure, rien ne s'installe.

Pourquoi ? On pourrait dire à cause des cheveux courts, auxquels les femmes ne veulent pas renoncer, et qui ne permettent pas qu'on revienne aux styles de jadis.

On peut assurer aussi que c'est à cause des sports et de la danse. L'auto ne permet pas qu'une femme s'embarrasse de robes à panier ; une femme ne peut plus être grosse, ni avoir de hanches, ni montrer quelque fierté de sa poitrine, si elle fait du ski, si elle joue au tennis, si elle danse...

La danse exige la minceur. Et de 1918 à 1922, la danse a occupé tous les loisirs des femmes à Paris, pendant l'hiver.

C'est elle qui a continué d'imposer la jupe courte, et ces étranges décolletés qui dissimulent la poitrine et découvrent le dos jusqu'à la taille, par une singulière compréhension de la pudeur. C'est elle vraisemblablement qui pour les commodités qu'elle offre à la danseuse a maintenu pendant longtemps la robe chemise et qui a donné cet idéal révolutionnaire à la femme : *être souple.*

Être souple, c'est encore, surtout aujourd'hui, le plus grand éloge qu'on puisse faire d'une femme. Cela suppose qu'elle n'a aucun de ces agréments que nos pères désignaient sous le nom d'appâts, mais cela affirme sinon sa jeunesse du moins son entraînement dans la culture physique. Vous ne pensez pas que c'est à une de ces jeunes amazones qui n'ont pas un pouce de graisse inutile que vous proposerez de raidir leurs attitudes par des toilettes qui obligent à l'immobilité.

La femme moderne aime le mouvement qui déplace les lignes.

Des couturiers se sont résignés à ne vêtir que des femmes minces. Il en est qui refusent nettement d'habiller celles qui ont des formes accentuées. Peut-on pousser plus loin l'amour de la simplicité ?

Pour les chapeaux les modistes n'ont même pas de défense. Elles ont subi sans protester le petit chapeau qui hésita avant d'être tout à fait cloche, et qui s'enfonce aujourd'hui sur les chevelures courtes, comme si les femmes étaient toujours dans une torpédo. Sem a d'ailleurs fort bien silhouetté la femme du jour, telle qu'elle nous apparaît du début de l'automne à la fin de l'hiver, dans ces lignes.

« Il n'y a plus que des cloches, des espèces de filtres informes en feutre mou, dans lesquels les femmes enfoncent leurs têtes en tirant à deux mains sur les bords... tant qu'elles peuvent... et allez donc ! On dirait plutôt qu'elles chaussent leurs chapeaux. Elles s'aideraient d'une corne à souliers, si elles y pensaient. Tout disparaît, tout est englouti dans ces poches élastiques, les cheveux, le front, les oreilles, les joues, jusqu'au nez.

« Et quand en plus, il y a un col de fourrure, on ne distingue plus qu'un petit bout de nez qui dépasse et on devine à peine la bouche... une bouche anonyme, rendue uniforme par l'universel bâton de rouge. Toutes les femmes sont pareilles, maintenant. Elles ont l'air d'avoir été fabriquées en séries. C'est embêtant ; mais il n'y a plus une femme laide. On ne peut les distinguer qu'à leur démarche ou à leur taille. Ou bien il faut les regarder en-dessous, se baisser, se mettre à quatre pattes et plonger sous la choche. Aussi vraiment, quand on veut juger une femme, la voir enfin, il faut lui enlever son couvercle. C'est inouï ce qui sort de là-dedans. Les cheveux, d'abord, ou ce qui en reste, puis le front, le regard, tout ce qui caractérise un visage de femme, tout ce qui en est l'âme et la vie. C'est une véritable révélation : c'est une femme nouvelle qui vous apparaît. Ainsi on peut dire que tout homme est bigame, il a deux femmes bien distinctes, l'une sous cloche et l'autre sans choche.

Ainsi, depuis la guerre, on peut dire que la mode des chapeaux n'a pas changé. Les femmes ne veulent plus marcher qu'à cloche-tête. »

« Toutes les femmes sont pareilles, mais il n'y a plus une femme laide ! » et nous ajouterions volontiers, s'il n'y a plus de « petites jeunes filles » il n'y a pas davantage de demi-vieilles. Toutes celles qui sont habillées selon la mode, paraîssent avoir entre vingt et trente-cinq ans. Voilà un des grands secrets du succès de cette simplicité, au fur et à mesure qu'elle a perfectionné ses essais. La robe courte ne découvre pas autant de jambes cagneuses qu'on le pouvait craindre, et la femme vieillit moins vite par les jambes que par le visage. Les cheveux courts apportent à ce dernier un recours appréciable. Ainsi se fait sous cet uniforme la cure de rajeunissement.

La génération qui admirait le retour des courses en 1908, qui a fait la guerre, qui a fréquenté les dancings, et prend aujourd'hui à six heures le thé, a acquis assez de sagesse et a reçu des événements et des hommes assez de rudes leçons, pour pouvoir juger à temps sans ménagement, et sans colère. Elle s'étonne, à juste titre, de retrouver des femmes qui fleurissaient les réunions mondaines de 1914, dans le même état de fraîcheur qu'à cette époque. Elles ont suivi la cure. D'ailleurs comparez les photographies, mettez en regard celles qui furent prises à la veille de la guerre et celles d'aujourd'hui, il n'est pas une femme, vêtue selon la façon du jour, qui ait vieilli !

Nul ne peut rien contre cet inappréciable cadeau de la mode actuelle à ses adeptes !

Et c'est pourquoi, au seuil de ce quart de siècle, la mode, à peine changée depuis 1919 ne promet pas de modifications immédiates. On y constate la persistance de la mode presque masculine dans son uniformité, donnant à la femme, dit « Vogue » à la date du 1ᵉʳ février 1925, une apparence garçonnière en même temps que jeune.

Toujours pas de taille très soulignée, et si elle l'est elle doit être basse. La jupe plus courte que jamais, aux genoux, comme elle avait été au lendemain de la guerre. Même dans les robes du soir ou les bas de jupe pourtant sont plus irréguliers. Les manteaux sont droits ; les tailleurs très masculins de corps, mais d'étoffe plus féminine, en satin de préférence.

Vous lirez bien dans certaines gazettes que certains couturiers présentent de « nouveau » la robe de style, mais ils sont au nombre de trois. C'est dire qu'ils ne peuvent guère prétendre influencer la mode.

Où se réfugiera la fantaisie dans cet ensemble fait pour unifier les âges ? Dans les garnitures et les accessoires : perles, paillettes, boutons, accompagnent des ceintures qui sont des cordelières, ou, au contraire, de larges rubans ornés de motifs modernes. Les influences de l'Orient, les invasions russes de l'émigration se retrouvent dans les écharpes, dans les mouchoirs, dans les foulards, jusque dans les batiks moins en faveur qu'en 1923, mais dont on admire encore, quelquefois, les coloris et les dessins étranges.

Les bas de soie sont, en général, de couleurs plus foncées, les gants plus longs, les souliers toujours aussi bas et très décolletés. Les sacs à main s'ils ne sont pas volumineux et en cuir fauve, peuvent être en tissus orientaux ou anciens.

On ne porte plus de papapluie. La femme, s'il pleut, met, comme les hommes, le manteau de caoutchouc, et le chapeau imperméable...

Costumes spéciaux pour l'auto, pour le golf, pour le tennis, ne font qu'accentuer l'allure masculine de la mode.

Tout cela durera-t-il longtemps encore ? Qui pourrait le dire ? Quel novateur interviendra, quel événement se produira qui créeront la réaction souhaitée par beaucoup, par le monde qui vit des caprices constants de la mode, par ceux dont les travaux prospères jadis ne servent plus de rien, quelqu'effort d'adaptation qu'ils aient faits ? Qui sait ce que les dentellières par exemple feront pour remettre en faveur leurs œuvres bien oubliées ? Et les fleuristes qui ne garnissent plus les chapeaux ? Et les plumassières souvent inoccupées ?

Les facteurs économiques interviennent souvent dans ces matières, sans qu'on en soit prévenu dans le public qui n'en connaît que par les effets.

Telle qu'elle est à présent, la mode peut et doit effrayer les couturiers. Mme Colette les tient, en ses chroniques si parfaites et si vivantes, pour responsables. Nous croyons, au contraire, qu'ils subissent des lois tacites établies par la clientèle de 1914 à 1918. Ils subissent l'évolution des mœurs si rapide qu'ils n'ont pas le temps de la maîtriser. Mais nous souscrivons pourtant volontiers à ses conclusions en insistant toutefois sur le fait qu'on ne détruit pas facilement une « indigence fastueuse » qui est une source de Jouvence.

« Le temps n'est peut-être pas très loin où la *grande couture, créatrice d'une sorte d'indigence fastueuse, s'effraiera de son œuvre. Elle fait la part belle à toute main capable de prélever sur deux aunes de tissu, un rectangle double percé de deux manches sur lequel le brodeur, le tisseur, voire le peintre, s'évertuent après. Chaque fois que la couture a créé un type trop rigoureux, et si proche de l'uniforme que seule la couleur, l'arabesque, la consistance y interviennent en manière d'insignes, elle a résigné à la légère une partie importante de ses prérogatives. Un certain excès de raffinement, procédant par élimination, précipite l'œuvre dans un péril que redoute le créateur justement jaloux : la facilité.* » (Vogue)

LES INFLUENCES

Quelles influences agissent sur la mode ? Le théâtre, et le music-hall peuvent y prétendre en premier lieu : le théâtre pour ce qu'il impose à des milliers de spectatrices les modèles d'un couturier ; le music-hall pour les inspirations qu'il fournit au couturier même.

Il n'est pas douteux que les grandes maisons de couture considèrent le théâtre comme un excellent moyen de propagande. Les ententes commerciales qui existent entre presque toutes les scènes de Paris et les couturiers en font foi. Il suffit qu'une actrice aimée du public pour son talent et pour son élégance porte une robe pour que les femmes qui assistent aux premières représentations aient le désir de s'adresser à celui qui l'habille.

Le prestige d'une artiste comme Mme Yvonne Printemps est certain à ce point de vue particulier, entre autres. Il est nombre de jeunes personnes qui brûlent du désir de savoir qui la coiffe, et qui la vêt.

Les programmes sont souvent assez bavards, et il est convenu depuis quelques années déjà, qu'on annonce en maints théâtres le nom du couturier après celui de l'auteur...

Les femmes ont donc toute facilité d'avoir la même robe que la vedette s'il leur plaît. Mais, selon les couturiers eux-mêmes, le théâtre ne peut pas lancer une mode, surtout si la pièce a quelque succès. Situation paradoxale en apparence, mais que Mme J. L... couturière experte et l'une des plus inventives de son temps, explique fort bien.

— Pour qu'une mode puisse « prendre » il faudrait qu'elle évoluât sous les yeux du public et du public spécial qui s'y intéresse. C'est-à-dire que nous devrions renouveler les modèles que portent les artistes, tous les mois environ. Si la comédie et l'opérette prolonge ses représentations pendant plus de cent jours, celles qui vont la voir à ce moment ont sous les yeux des robes qui datent de trois mois et ne sont déjà plus tout à fait au point.

De sorte que si les dix premières nous rapportent des clientes les représentations qui suivent ne sont d'aucun profit pour nous... »

C'est vrai. Mais elles permettent de fixer dans l'esprit de bien des gens la ligne générale de la mode pour toute une saison. Elles sont ces « expositions » que font les peintres pour qu'on puisse juger de leur effort. Elles ne nous apportent ensuite que des reflets, parce que le grand public a pris, si l'on peut ainsi s'exprimer, tout l'éclat des toilettes quand elles étaient dans leur nouveauté...

Pourtant, il y eut les Ballets Russes.

C'est en effet une date, une grande date pour la mode que cette année 1909 où apparurent les premiers costumes de Bakst. Nous trouvions soudain devant nous l'extraordinaire raffinement barbare d'un monde dont nous ne soupçonnions ni les délicatesses ni les splendeurs.

Eh quoi ? disions-nous, est-il possible que la Russie porte ainsi la marque somptueuse de l'Orient ? Est-il vrai que ses artistes puissent dans leur art décoratif et dans leurs vêtements résumer les richesses des Palais et des Sultans des Mille et une Nuits ? Se peut-il qu'une telle opulence nous soit enseignée par un peuple dont nous croyions l'imagination enténébrée, et l'âme triste ?

Ce fut une explosion d'enthousiasme. Nijinski, une incomparable troupe d'artistes de premier ordre, une musique qui tout à coup révélait ses mystères au grand public, contribuèrent à propager l'art des ballets russes avec une irrésistible force.

Sheherazade, le romantique *Spectre de la Rose, Tamar, Petrouckha,* que suivirent les créations de Bakst pour Mme Ida Rubinstein : le *Martyr de Saint-Sébastien, Hélène de Sparte,* la *Pisanelle* ou la *Mort parfumée,* renouvelèrent jusqu'en 1914 le miracle du premier jour.

Comme nos inventions occidentales nous paraissaient pauvres ! Comme nos étoffes étaient ternes ! Comme les formes, même les plus extravagantes que l'influence de l'Art nouveau et de l'Exposition de 1900 avait créées nous semblaient tristes à côté de cet épanouissement soudain du jardin des califes, à côté de ces tissus richement brodés, de ces ors rutilants, de ces drapés, de ces couleurs.

Rien de ce que nous avions fait et vu jusqu'alors ne pouvait prétendre à soutenir la comparaison.

Les Ballets Russes ont bouleversé la mode dès 1910. Peut-être moins dans l'ordonnance même du costume que dans l'ensemble de notre art décoratif, mais il est certain que le goût des riches étoffes, dont nous voyons aujourd'hui le plein développement, date de cette époque.

Il est évident aussi que la faveur des turbans et des aigrettes, l'offensive momentanée des formes persanes qui permirent chez la comtesse de Chabrillan, une fête digne des plus magnifiques réunions du XVIIIe siècle, plus tard encore, après la guerre, les bals vénitiens aux défilés ruisselants d'or et de couleurs, témoignèrent des souvenirs laissés dans l'esprit des maîtres de la couture par les décorateurs de Moscou.

Aujourd'hui même, il est vraisemblable que les foulards colorés dont tant de femmes ornent leur cou, sont des rappels précis de cette influence d'avant-guerre. Ne les vîmes-nous pas d'abord, il y a

seize ans sur les épaules des danseuses de Diaghilew
ou sur la peau de ses noirs ?...

Le Music-hall a plus de hardiesse que le théâtre
dans ses décors et ses costumes. Il est toujours un
peu en avance sur la mode. Du moins le music-hall
tel qu'on le comprend depuis 1918.

Autrefois il était une distraction de l'esprit quand
il donnait des revues. Il est devenu un plaisir des
yeux. Il fut jadis un passe-temps de second ordre.
Il est en train de conquérir la première place dans
nos divertissements. Il a eu ses costumiers spéciaux
qui dessinaient dans un style tout à fait particulier
des robes courtes semblables souvent à celles des
gommeuses du Café-Concert. Les « petites femmes
de Choubrac » ont fini leur carrière sur les boîtes
d'allumettes. Aujourd'hui les couturiers les plus en
renom collaborent avec les auteurs des scènes et les
spécialistes de la mise en scène. On jouait en
janvier 1925, dans un des plus grands établissements
de Paris, une revue qui était signée de deux spécialistes et d'un costumier...

Ce n'est pas un mystère que de dire qu'il y a là
des combinaisons nécessaires aux dépenses vraiment
formidables qu'exige aujourd'hui la présentation
d'une revue. Mais en dehors de ces affaires purement financières, il y a une sorte de franchise à
reconnaître ainsi le rôle du couturier dans la
fabrication d'un grand spectacle actuel.

Comme le costumier n'est pas limité — ou le

moins possible — par la nécessité de faire des économies, il peut laisser libre cours à ses plus coûteuses fantaisies. Il peut gaspiller les étoffes, il peut prodiguer les ornements. Il s'inspire des gravures anciennes mais « stylise » les formes comme il lui plait. Il copie pour les tableaux évocateurs de pays lointains les modèles des vases de Chine, du Japon, ou les dessins grossiers des peuplades sauvages, mais selon sa manière, il exécutera les variations les plus imprévues.

Si, au contraire, il doit traiter un sujet qui n'a ni âge, ni pays, il peut inventer selon son imagination. Il suffit de rappeler l'étonnante réalisation des « Armes de la Femme », de M. Poiret dans une revue du Casino de Paris de 1921, pour se souvenir qu'il déploya dans cette fresque toutes les ressources de son invention ingénieuse, de son goût pour la belle matière, de sa virtuosité à manier les noirs et les ors...

Peut-on penser que de tels déploiements de luxe laissent insensibles ceux qui les admirent ? Peut-on croire que ces costumes paradoxaux aux premières représentations ne fourniront pas ensuite les éléments d'une mode nouvelle ?

Sans doute, faut-il tenir compte que la publicité se mêlant à tout, il y a des tentatives de « lancement » qui ne réussissent point. Ainsi voulut-on brusquement, il y a quatre ans, ressusciter les éventails de plume, On fit des finales de revues en l'honneur de l'autruche, on prodigua les oiseaux rares dans les tableaux. Mais ces offensives firent long feu...

Il n'en reste pas moins que le Casino de Paris, le Palace et le Moulin Rouge offrent des sources de Jouvence aux maîtres de la couture. Que, pour ne prendre qu'un seul exemple, on doit au music-hall, qui subissait lui-même l'influence des Ballets Russes, cette lutte aux phases si mouvementées, des couleurs vives contre le noir et qui nous amena peu à peu à l'utilisation des rouges, des bleus, des verts les plus vifs qui furent longtemps réservés aux costumes de scène.

Aujourd'hui on ne craint plus à la ville, ce qui est « voyant » selon l'expression de nos mères. Ne lui doit-on pas, aussi, la fureur du châle espagnol ? Avant et pendant la guerre c'était un accessoire purement local, si l'on peut dire. Les prix, si besoin était, en feraient foi.

Mais le succès de Raquel Meller, dans les grands établissements parisiens et surtout des danseuses comme Argentina, Isabelita Ruiz, Argentinita qui selon la coutume de leur pays changèrent de châles à chaque danse et montrèrent ainsi l'admirable parti qu'on pouvait tirer des étoffes brodées dans l'ensemble du costume, amenèrent nombre de femmes à s'en parer avec les robes du soir.

D'autres influences agissent qui n'ont pas la même importance générale, mais dont pourtant on ne saurait nier qu'elles existent. Nous voulons parler d'abord de celles des dessinateurs des journaux de mode.

Les grands périodiques, entre 1905 et 1910, portent, en maintes pages, des dessins poussés ou de simples silhouettes signés Drian. Il sema, pendant des années, ces charmants modèles aux quatre vents de l'admiration féminine. Traducteur léger des inventions de la couture, il en fut bientôt l'inspirateur, comme ce prodigieux Iribe à qui la mode, l'ameublement, la décoration des intérieurs doivent tant de rajeunissement et de révolutions.

Iribe n'a pas été seulement un dessinateur de silhouettes caricaturales qui ont, pour une époque — celle qui précéda la guerre — fixé le grotesque de certaines, mais il a contribué à l'évolution de la mode vers la ligne simple, à l'établissement des couleurs franches, à l'enrichissement des étoffes par de merveilleux dessins. Il a été, à l'origine des premières tentatives de M. Poiret, et, lors de son récent passage en France, il a tenté auprès des couturiers de proposer un changement des silhouettes par une curieuse modification des manches.

Mais rappelé par ses travaux, en Amérique, il n'eût pas le temps de mettre au point ce projet de transformation qui venait d'un artiste conscient du péril qui menace la mode quand elle s'adapte trop étroitement aux nécessités pratiques de la vie. Il faut, pensait-il justement, qu'elle évolue selon les lois esthétiques plutôt que selon les lois d'utilité. Elle peut être de son temps, mais non pas pour son temps. Vérité que notre couture semble ignorer qui suit les exigences de sa clientèle plutôt qu'elle ne lui dicte ses volontés.

Les peintres ont souvent la docilité de leurs modèles. Ils sont des miroirs de leur époque. Ils peuvent bien quand on les regarde, offrir un style à l'admiration des profanes. Des purs leur reprocheront, non sans justesse, de faire des gravures de mode. Car il convient quand on a quelque souci de la postérité ou même plus simplement de la critique des amateurs de ne pas attacher trop d'importance aux vêtements transitoires, à moins qu'on ne prenne souci de les mettre en parfaite harmonie avec le caractère du modèle. Si l'on n'est pas Watteau on est Lancret. Si l'on n'est Van Dyck on est la Gandara. On ne fait ni humain, ni éternel, avec la fantaisie vestimentaire d'un moment. Ou le peintre devient un mémorialiste, quand il devrait être un historien. Si l'on peut croire que M. Van Dongen laissera pour l'avenir sur ses toiles, la poussière colorée de son siècle, nous ne pensons pas que M. Domergue, qui fut pourtant le peintre de quelques-unes des femmes qui lancent les modes, nous lègue d'autres documents que ceux des catalogues des grands magasins. Et les dernières œuvres exposées de M. Boldini pourront nous faire croire qu'entre 1900 et 1920, quelle que fut la complexité des arrangements féminins, on avait déjà ces lignes d'une souplesse végétale que nous voyons aux femmes d'aujourd'hui.

Peut-être, par contre, faudra-t-il faire une place à part à ces femmes qui furent quelquefois tentées par le costume de théâtre, et dont Marie Laurencin nous semble le type le plus achevé et le plus charmant. Les tentatives nombreuses de retour en arrière qui caractérisent l'incertitude d'après-guerre, ces essais de robes à panier, ces regards mélancoliques jetés sur les modes de Louis-Philippe et du Second Empire, trouvent leur explication semble-t-il, dans les inspirations de cette artiste qui donne tant de grâces aux jeunes femmes et pare des émois d'une adolescence de 1850, les jeunes filles les plus terriblement modernes de nos jours.

De même l'influence du cubisme est évidente dans maintes décorations de tissus. On vend dans certains magasins une étoffe de soie qui s'appelle « la Picassine » du nom du créateur du cubisme. Elle se distingue des autres par un bariolage en apparence désordonné... Elle ne prend d'ailleurs du cubisme que son extérieur et n'a pas d'autre prétention que de flatter un certain snobisme.

Mais, en réalité, le cubisme et ce qu'il a d'incohérent pour le profane, a permis aux maîtres de la mode des fantaisies de dessins qu'il n'eussent jamais osé si les yeux du public ne s'étaient habitués à toutes les bizarreries des jeunes écoles de peinture et de décoration.

Peut-être pourrait-on dire en lisant des descriptions des costumes d'aujourd'hui que la forme elle-même des robes et du vêtement de la femme est « cubique » dans une certaine mesure.

« Court, plat, géométrique, quadrangulaire, le vêtement féminin s'établit sur des gabarits qui dépendent du parallélogramme, et 1925 ne saluera pas le retour de la mode à courbes suaves, du sein arrogant, de la savoureuse hanche » écrit Colette, dans *Vogue* ; la vision réduite à ces lignes générales est exacte, et définit bien le costume, tel qu'il apparut à nos yeux étonnés dans les premières toiles de Picasso, de Metzinger et de Glaize, en 1911 quand nous ne savions pas encore distinguer où le peintre avait voulu placer le buste et les jambes.

Les événements de la vie, qu'ils soient d'ordre théâtral, littéraire, économique ou politique, ont eux aussi leur réaction sur la mode. Les événements économiques ou politiques ne nous ont point fait défaut depuis un quart de siècle. Et la guerre...

Mais nous avons déjà dit, autre part, comment ayant profondément modifié les mœurs, elle avait bouleversé la mode. En fait même, on peut dire que c'est tout le sujet même de cet essai...

Les événements théâtraux ou littéraires provoquent des manifestations plus quotidiennes et qu'il faut considérer comme d'aimables caprices. Elles ont la durée du succès d'un livre ou d'une pièce. Elles ne laissent pas de trace au-delà du temps où l'on parle de l'œuvre qui les inspira. Extérieurement, du moins, car il ne faudrait pas déduire trop strictement de ce qu'on laisse voir à ce que l'on pense.

S'il est certain qu'en 1900 le succès de Sarah-Bernhard dans le rôle du duc de Reichstadt mit à la mode le col dit « aiglon » ce n'était là qu'un témoignage de la faveur publique pour le héros de M. Rostand et pour la grande artiste qui le représentait.

J'attacherai plus d'importance à la vogue du col Claudine et à l'inquiétante masculinisation qu'apporta dans certains costumes, l'imitation des goûts de la « gobette » de Montigny. Non pas que le sarraut noir de l'écolière, ses cheveux courts, bouclés, aient, en 1902, bouleversé les habitudes des femmes, Il n'y eut que quelques émancipées de la ville et des faubourgs qui se soient risquées à prendre l'apparence de Mme Colette — alors Mme Willy — et de Mlle Polaire. Il y avait encore trop de sagesse et de féminité dans nos mœurs pour qu'on crût qu'il suffisait de se vêtir comme elles pour avoir droit à leur originalité d'esprit ou de talent. Mais je vois, dans cette première et sournoise tentative d'androgynisme vestimentaire, les lointains débuts de notre mode si masculine d'aujourd'hui. Les cheveux courts de Claudine sont déjà presque les cheveux à la « garçonne ». Les façons désinvoltes de cette jeune émancipée nous les retrouvons dans maintes manières de la jeune fille moderne. Si l'on ne s'abstenait ici de faire la moindre critique littéraire, on pourrait suivre, à travers la littérature de ces vingt dernières années, en même temps que l'évolution des mœurs de la jeune fille et de la jeune femme, cette hypocrite déformation de leurs goûts qui s'est traduite à maintes reprises, pour certaines, par le port du veston d'homme, pour d'autres par l'utilisation de la chemise masculine en blouse, par l'emploi des chapeaux de feutre raides ou mous, comme les hommes en portent...

On verrait ainsi peu à peu se rassembler davantage, d'année en année, non pas certes dans le monde de celles qui donnent le ton à la mode, mais dans des milieux de lettres, de théâtre, de peinture, la troupe éparse des snobs, des perverties, des « précurseuses » qui ont préparé, sans [que nous y prenions garde, sans que nous y attachions d'autre intérêt que celui que nous donnions aux bizarreries, l'atmosphère favorable à la révolution née avec la guerre...

Nous lisons aujourd'hui dans les journaux de mode des phrases de ce genre, qui nous assurent qu'en 1904 : « la mode ne pouvait alors prétendre à la beauté classique puisqu'elle déformait la nature ».

Étrange accusation et qui nous paraîtrait peut-être plus juste si nous inscrivions 1924 à la place de la date indiquée par le spécialiste contempteur du passé...

LA MODE DANS LE PEUPLE

Il est certain que la Française de Paris est la Française par excellence. C'était déjà une vérité il y a deux cents ans. Et parmi ces Parisiennes celles qui ont les moyens de suivre la mode mènent le goût du monde entier.

Ce serait pourtant un tort de croire que le peuple de la Capitale ne participe pas à cette autorité et que les élégances soient toutes mondaines. Là encore la guerre a modifié les mœurs profondément. Le travail des femmes dans les usines et les bureaux, les gros salaires qu'elles ont touchés, ont développé ce goût du luxe qui a été facilement exploité par ceux qui ont leurs intérêts dans l'extension de la coquetterie et de ses parures.

Il est certain qu'on distingue beaucoup moins qu'autrefois, aux apparences, les situations sociales. Il y a longtemps que les Bourgeoises de qualité ont, si l'on peut dire, leurs toilettes de noblesse. Le petit bourgeois tendant à disparaître, il y a la foule immense de la classe moyenne qui fournit tous les échantillons de la mode et de la demi-mode.

Toutes les jambes féminines, ont, aujourd'hui, leurs bas de soie, toute femme trouve maintenant chaussure à son pied, si l'on veut entendre par là que même dans la chaussure toute faite, il y a autant de variété de formes, de teintes, de peaux qu'on en peut désirer, et qu'on ne devine plus, au simple examen des bottines, si une femme habite le centre ou les faubourgs. Ouvrons le catalogue d'un magasin populaire : nous y trouvons pour des prix relativement modérés, entre 35 et 65 francs, le « soulier fantaisie talon Louis XV, boucle et plissé satin noir, verni ou chevreau glacé », le « soulier verni, brides caoutchouc perlé argent », le « soulier talon Louis XV avec transparent gris ou nègre ». Nous y découvrons les « bas de fil à côtes, semelles unies, beige et blanc ou gris et blanc », le bas pure soie des Cévennes, teintes vanisées beige, ou gris clair, avec baguettes brodées fantaisie ».

Pour les vêtements, il semble à première vue, la simplicité des lignes étant la règle générale, qu'il ne puisse y avoir que des différences d'étoffes. De même pour les chapeaux, différence dans la quantité de la garniture, et dans le « chic » de la confection. On va de plus en plus vers une égalité de silhouette.

Ainsi dans les arts décoratifs, voit-on les papiers modernes, les meubles modernes, remplacer peu à peu dans les ménages d'ouvriers, partout où l'électricité fait son apparition, le vieux papier triste d'autrefois et les meubles de style, copies de l'ancien.

Si nous considérons la fourrure qui était encore à la fin du siècle dernier un luxe réservé aux seules femmes de condition très aisée, nous constaterons la même invasion de la marchandise bon marché.

On imite avec le lapin et le lièvre les peaux les plus rares, et la fourrure de prix moyen donne toutes les illusions qu'on veut, soit qu'on l'emploie pour faire des manteaux ou de simples garnitures.

D'ailleurs tout contribue à propager la mode, du haut en bas. Les journaux de mode se sont multipliés depuis la guerre. Il n'y a pas de journaux quotidiens de quelqu'importance qui ne consacrent une page, un jour de la semaine, à cette rubrique spéciale. De grandes publications étrangères — anglaises ou américaines — ont apporté une présentation luxueuse des modèles et des accessoires de toilette. Ils s'inspirent ici de nos couturiers et donnent à Londres et New-York les dernières nouvelles des robes et des chapeaux.

Dans les publications hebdomadaires ou bi-mensuelles peu coûteuses, on donne aux lectrices des patrons d'étoffe ou de papier, qui permettent à celles qui font leurs robes elles-mêmes de copier les coupes et la façon de telle ou telle grande maison. Et cette combinaison-là permet à l'ouvrière la plus modeste de réaliser facilement ses rêves d'élégance.

Enfin, ne négligeons pas l'influence du dancing populaire sur les transformations du goût des foules. Il est certain que cette distraction, si en faveur à la fin de la guerre et depuis 1918, est de celles qui favorisent l'usage de la toilette. On ne peut aller danser en costume de travail.

Il faut, de toute nécessité, non pas la robe du soir, mais la robe du dimanche, comme on dit, pour aller dans les établissements où l'on fox-trotte. Les danses modernes exigent en effet de l'aisance dans les mouvements et de la part de la danseuse une certaine sportivité qui s'accorde parfaitement au goût du jour pour les excercices un peu violents.

De sorte qu'à force de mettre la robe du dimanche pour ces distractions, on ne s'endimanche plus. C'est un fait qui frappera tous les Parisiens qui déambulent dans les grandes voies, les jours de fête : on ne remarque plus une femme qui soit gênée dans ses vêtements, si l'on excepte les étrangères ou les provinciales qui viennent de faire l'acquisition d'un costume.

Tout le monde se vêt sinon la semaine comme le dimanche, du moins d'habits qui sont taillés, coupés, de la même façon et qui ne diffèrent que par la qualité des tissus.

C'est la constatation la plus importante que l'on puisse faire pour la mode dans le peuple depuis la guerre. Elle indique cette confusion des genres qui n'est point spéciale à la mode, ce nivellement qui n'empêche pas, certes, que certains raffinent, mais qui donne moins de valeur à leur délicatesse.

D'ailleurs, n'est-ce point là qu'intervient le chic ?

Ce chic, au dire d'une grande couturière — qui, de ce fait, devient un couturier — Mme M... V... est fait « de grâce, d'allure, d'impertinence, de coquetterie, d'adaptation, de gaîté, d'ironie quelquefois, souvent de jeunesse » et il est le privilège incontesté des femmes de Paris.

La mode ne fait pas le chic. C'est le chic d'une femme pour porter la mode qui donne à cette dernière son influence, Et c'est pourquoi, sans doute, le chic de Paris impose partout la mode parisienne.

Le chic est à la femme, ce que le génie est à l'artiste.

RENÉ BIZET. — *La Mode.*   7

TABLE DES MATIÈRES

Ce volume a été imprimé
en octobre 1925 par
Maurice Darantiere, à Dijon.